Rudolf Kretschmann/Susanne Lindner-Achenbach
Andrea Puffahrt/Gerd Möhlmann/Jörg Achenbach

Analphabetismus bei Jugendlichen

Ursachen, Erscheinungsformen, Hilfen

D1665926

Verlag W. Kohlhammer
Stuttgart Berlin Köln

CIP-Titelaufnahme der Deutschen Bibliothek

Analphabetismus bei Jugendlichen : Ursachen,
Erscheinungsformen, Hilfen / Rudolf Kretschmann ... -
Stuttgart ; Berlin ; Köln : Kohlhammer, 1990
   ISBN 3–17–010554–X
NE: Kretschmann, Rudolf [Mitverf.]

Vorwort

Wir haben lange gezögert, den Begriff „Analphabetismus" in den Titel dieses Buches zu setzen. Wie wir zeigen werden, ist es schwierig, genau zu definieren, was „Analphabetismus", insbesondere „funktionaler Analphabetismus" ist. Wir haben auch gezögert, weil in der Bezeichnung eine Diskriminierung, eine Verächtlichmachung der Betroffenen mitschwingt. Wir haben bei unserer praktischen Arbeit niemals von „Analphabetismus" gesprochen: einen Kursteilnehmer als „Analphabeten" zu bezeichnen, hätte das Ende der Zusammenarbeit bedeuten können. Jeder, der mit sozial Benachteiligten arbeitet, weiß darüber hinaus, daß das Etikett der Personengruppe unwichtig wird und letztendlich nur die Einzelpersonen und -persönlichkeiten wahrgenommen werden, mit ihren unverwechselbaren Eigenschaften, Stärken und Schwächen.

Daß wir uns dennoch zu der Begriffswahl entschlossen haben, hat zwei Gründe:
- Es gibt kaum eine andere Bezeichnung, mit der man – zumindest in der Alltagssprache – die Problematik derartig bündig benennen könnte. Wir bedauern, daß es im Deutschen (noch) kein vergleichbares Pendent zu dem anglo-amerikanischen Begriff „illiteracy" gibt. Wir machen an dieser Stelle den Versuch, statt „Analphabetismus" den Begriff „Illiteralität" einzuführen.
- Ein Begriff wie „Analphabetismus" emotionalisiert. Die Erwachsenenbildung, insbesondere der Volkshochschulverband, hat ihn mit Erfolg als politischen Kampfbegriff gebraucht. Das Ergebnis ist, daß es inzwischen landesweit Angebote zum Schriftspracherwerb für illiterale Erwachsene gibt. Auch wir haben ein bildungspolitisches Anliegen. Wir wollen auf die unzulängliche schriftsprachliche Förderung benachteiligter Kinder und Jugendlicher aufmerksam machen, nicht zuletzt auch in den höheren Klassen und in der beruflichen Bildung. Wenn es uns gelänge, mit unserem emotionalisierenden Buchtitel einen bereiten Leserkreis zu erreichen, würden wir dies als einen ersten Erfolg unserer Bemühungen ansehen.

Eine andere Frage, die uns beim Abfassen des Buches beschäftigt hat war die, wie umfangreich wir die theoretischen Prämissen unserer Arbeit ausformulieren sollten. Wir haben uns für eine relativ umfangreiche Darstellung entschieden. Aber hätte es nicht auch genügt, lediglich unsere praktische Arbeit schriftlich abzubilden? Unsere Antwort lautet, wie könnte es anders sein, „nein".

Wir haben sehr ausführlich beschrieben, wie Jugendliche zu Analphabeten werden – wodurch der Schriftspracherwerb beeinträchtigt werden kann. Nur durch die Kenntnis derartiger Bedingungen wird man die Betroffenen verstehen und kurzschlüssige Schuldzuweisungen vermeiden können. Wenn man aber den Werdegang der Jugendlichen kennt, ist es vielleicht eher möglich, angemessene Lernangebote zu ersinnen – oder doch zumindest die Wiederholung von Maßnahmen vermeiden, an denen die Jugendlichen schon einmal gescheitert sind.

Bleibt die Frage, ob es sinnvoll war, in dieser Ausführlichkeit die Theorien des Schriftspracherwerbs und des Lernens zu behandeln. Eine Antwort findet sich im Kapitel 4, das sich mit Lernen und Lernstörungen befaßt: das sichtbare Handeln, in unserem Fall die pädagogische Arbeit in den Gruppen, ist nur ein Teil der Tätigkeit. Das sichtbare Tun wird durch Denkprozesse vorbereitet, nachbereitet und begleitend gesteuert. Diese Denkprozesse schöpfen aus eben dem beschriebenen Reservoir von Theorien. Wir würden unser eigenes Handeln verkürzt darstellen, würden wir diese Theorien nicht offenlegen. Außerdem sind wir davon überzeugt, daß nur ein breites Hintergrundwissen es potentiellen Anwendern ermöglicht, das pädagogische Instrumentarium souverän zu handhaben.

Bremen, im September 1989   Die Autoren

Inhalt

1. **Analphabetismus bei Jugendlichen – was man darüber weiß** 11

1.1 Analphabetismus innerhalb der Erwachsenenbevölkerung von Industrieländern 11

1.2 Verbreitung und Ausprägungsformen des Analphabetismus bei Jugendlichen 14
1.2.1 *Größenordnungen* 14
1.2.2 *Lese- und Schreibleistungen von Schülern der Schule für Lernbehinderte* 15
1.2.3 *Lese- und Schreibleistungen von Jugendlichen im berufsbildenden Bereich* 17

1.3 Folgen und Bedeutung von Analphabetismus für die Betroffenen 21
1.3.1 *Die Situation erwachsener Analphabeten* 21
1.3.2 *Folgen und Bedeutung für Jugendliche* 22

2. **Entstehungsbedingungen von Lese- und Rechtschreibversagen und Analphabetismus** 24

2.1 Leseerfolg und Leseversagen – schon im Vorschulalter programmiert 26

2.2 Fehlende Passung 28
2.2.1 *Fehlende Differenzierung, Gleichtakt des Lernens* 29
2.2.2 *Einfallslose Formalangebote* 31

2.3 Unzulänglichkeiten schulischer Förderung 33

2.4 Erlernte Hilflosigkeit als Folge fehlender Passung 35

2.5 Es geht auch anders: Alternativen zum traditionellen Anfangsunterricht .. 39

3.   Was man über Lesen und Lesenlernen wissen sollte 41

3.1 Die Geschichte der Schriftentwicklung 41

3.2 Was ist das eigentlich − „Lesen"? 44

3.3 Die Entwicklung der Schreib- und Lesekompetenz 48

3.4 Illiterale Jugendliche − auf der Stufe der Skelettschreibung
     stehengeblieben? 50

4.   Was man über „Lernen" und Lernstörungen wissen
     sollte 54

4.1 Kognitive Komponenten des Lernens 55

4.2 Emotionale und motivationale Komponenten des Lernens 58

4.3 Lernen und Lernversagen als Transaktion 59

5.   Förderung: Prinzipien und Methoden 67

5.1 Alphabetisierung als Persönlichkeitsförderung 67

5.2 Organisationsformen und Rahmenbedingungen 69

5.3 Methoden der Persönlichkeitsstabilisierung und des Angstabbaus 70
5.3.1 *Handlungsmöglichkeiten auf der Basis der Individualpsychologie* 71
5.3.2 *Interventionsmöglichkeiten auf der Basis kognitiver Verhaltenstheorie* 72

5.4 Methoden zur Vermittlung des Lesens und Schreibens 74
5.4.1 *Konkurrierende Prinzipien der Lesedidaktik* 75
5.4.2 *Methoden der Erwachsenenalphabetisierung* 77

6.   Praxis der Alphabetisierung 81

6.1 Organisatorischer Rahmen 81

6.2 Materialien 82

6.3 Erstkontakt mit den Jugendlichen 83

6.4   Wenn Jugendliche Texte schreiben 85

6.5   Der vereinfachte Text – Philosophie und Arbeitsmittel zugleich 86

6.6   Lese- und Schreibübungen auf der Basis vereinfachter Texte 90
6.6.1 *Lesen mit sukzessivem Ausblenden der Hilfen (bei Teilnehmern mit*
       sehr geringer bzw. fehlender Lesekompetenz) 90
6.6.2 *Die Verfestigung von Wörtern durch Satz-Wort-Zuordnung* 90
6.6.3 *Der Einsatz des Overheadprojektors* 91
6.6.4 *Die Kartei* 92

6.7   Vermittlung von Buchstabenkenntnis 93

6.8   Durchgliederung, Synthese und Rechtschreibung 95

6.9   Ausbildung von Strategiewissen und Selbstwertgefühl 97

7.   Inhalte und Themen 99

7.1   Personenbezogene Themen und Texte 100
7.1.1 *Themenbereich „Was bedeutet für mich Freundschaft?"* 100
7.1.2 *Themenbereich „Kind sein, jung sein, erwachsen sein, alt sein – was*
       bedeutet das für Dich?" 103
7.1.3 *Themenbereich „Was ist der Sinn Deines Lebens?"* 105
7.1.4 *Themenbereich „Wie ich bin – wie ich sein möchte"* 108
7.1.5 *Themenbereich „Wovor haben sie Angst? – Kennst Du auch solche*
       Angst?" 108
7.1.6 *Themenbereich „Meine Traumfrau/Mein Traummann"* 112

7.2   Berufsvorbereitung – Berufsperspektiven 114
7.2.1 *Berufswahl als Entwicklungsaufgabe* 114
7.2.2 *Angebote zur Berufswahl* 115
7.2.3 *Themenbereich „Mein Traumberuf – Mein Berufswunsch"* 116
7.2.4 *Themenbereiche „Arbeit", „Arbeitslosigkeit", „Freizeit"* 118
7.2.5 *Bewerbungen und Vorstellungsgespräche* 120

7.3   Lesen und Schreiben im Alltag 130

7.4   Weitergehende Aktivitäten 132

8. Wirkungen – Lernerfolge 136

8.1 „'Ne Lehre und sonntags beim Frühstück die ganze Zeitung lesen – das wär' 'was!" 136

8.2 „Gib mir mal das kleine 'f' " 138

8.3 „Toeletta" 141

8.4 „Kommen Sie mal, Sie müssen mir helfen!" 143

8.5 „Alles Mist, alles schlecht!" 144

8.6 „Ich will Sie nicht ärgern, ich fange gleich an!" 147

9. Schluß 150

Literaturverzeichnis 151

1. Analphabetismus bei Jugendlichen – was man darüber weiß

1.1 Analphabetismus innerhalb der Erwachsenenbevölkerung von Industrieländern

In den vergangenen Jahren wurde die Öffentlichkeit immer wieder durch Meldungen schockiert über einen Rückgang der Schriftkultur und eine zunehmende Zahl von Analphabeten nicht etwa in der Dritten Welt, sondern in technologisch hoch entwickelten Industrienationen. Eine besonders nachhaltige Anklage formuliert KOZOL (1985, S.4): „Fünfundzwanzig Millionen Amerikaner sind nicht in der Lage, die Giftwarnung auf der Verpackung eines Pestizids zu entziffern, ein Schreiben der Schule zu lesen, welche die eigenen Kinder besuchen oder die Titelseite einer Tageszeitung. Weitere 35 Millionen haben eine geringere Lesefähigkeit, als die, die nötig wäre, um in allen Bereichen des täglichen Lebens zurechtzukommen. Zusammengenommen machen diese 60 Millionen mehr als ein Drittel der Erwachsenenbevölkerung aus".

Andere Untersuchungen, wie die von KIRSCH und JUNGEBLUT (1986), kommen dagegen zu weitaus beruhigenderen Ergebnissen, die BRÜGELMANN (1987, S.256) wie folgt zusammenfaßt: „95 % können Schrift lesen und verstehen" aber „nur eine kleine Teilgruppe versteht anspruchsvolles Material". Derart differierende Zahlen sind typisch für die Forschung auf dem Gebiet des Analphabetismus. Die Schwankungen sind nicht zuletzt darauf zurückzuführen, daß es (wie wir später näher erläutern) keine eindeutige Trennlinie zwischen Literalität und Analphabetismus gibt. Die Quoten variieren, je nachdem, welche Maßstäbe man bei den Untersuchungen zugrundelegt.

Hohe Analphabetismusraten in den Vereinigten Staaten von Amerika können wohl kaum überraschen, bedenkt man die noch immer vorhandene Benachteiligung der farbigen Bevölkerung oder anderer ethnischer Minderheiten im Bildungswesen. Durch die illegalen Einwanderer aus den lateinamerikanischen Ländern werden zudem gleichsam Bildungsdefizite aus Entwicklungsländern importiert. Einer ähnlichen Situation begegnen wir in England, wo in den letzten Jahrzehnten zahlreiche Menschen aus den Commonwealthstaaten eingewandert sind. In beiden Ländern wurden Alphabetisierungskampagnen gestartet, lange bevor man in der Bundesrepublik Deutschland des Problems „Analphabetismus" überhaupt gewahr wurde.

Die Zahl der Analphabeten wird in der Bundesrepublik auf einhunderttausend bis eine Million geschätzt. Die erste Veröffentlichung dieser Zahlen stieß allerdings auf

Überraschung bis Unglauben. Hatte nicht ein 1912 durchgeführter Zensus das Deutsche Reich als eine Nation ohne Analphabeten ausgewiesen? Und sollten sich angesichts des stürmischen Fortschritts auf allen Gebieten die Dinge gerade im Bereich der Elementarbildung verschlechtert haben? Sind nicht die Klassen kleiner geworden und hat nicht auch die Pädagogik als Wissenschaft in den letzten 70 Jahren Erfolge zu verzeichnen gehabt? Es ist wohl kaum anzunehmen, daß die Zahlen eine Verschlechterung der Lesefähigkeit der deutschen Bevölkerung aufzeigen, sondern, so RYAN (1982), „... eine Verbesserung der Fähigkeit, diese zu erfassen". Und nicht nur dies: sie spiegeln vermutlich auch die gestiegenen Anforderungen, die unsere Gesellschaft an die Lese- und Schreibfertigkeit − wir wollen im folgenden dafür die Bezeichnung „Literalität" verwenden − ihrer Mitglieder richtet. Die Konkurrenz um Ausbildungs- und Arbeitsplätze ist größer geworden. Betriebe können auch dann die vorhandenen Stellen besetzen, wenn sie auf unsichere Schreiber verzichten. Und „Menschen, die gravierende Schwierigkeiten mit dem Lesen und dem Schreiben haben, werden eher auffällig, ... wenn bei Ämtern und Behörden Informationen über Analphabetismus vorliegen, die Mitarbeiter also schon einen Blick dafür haben, solche Menschen zu entdecken" (GIESE, 1987, S.260).

Als alphabetisiert galt zum Zeitpunkt der Zählung im Jahre 1912, wer seinen Namen schreiben konnte. Nur − um in der damaligen Terminologie zu sprechen − „Schwachsinnige" waren dazu nicht in der Lage. Die Gleichsetzung von Analphabetismus und Schwachsinn ist auch heute noch weit verbreitet. Nicht wenige Nichtleser versuchen daher, ihre Unkenntnis nach Kräften zu verbergen. Die Furcht, „entdeckt" zu werden, ist für die Betroffenen oft hinderlicher als ihre Unfähigkeit zu lesen und zu schreiben.

Den eigenen Namen schreiben zu können gilt heute nicht mehr als Beweis für eine ausreichende Alphabetisierung. Nach GRAY (1956) ist jemand *funktional* alphabetisiert, wenn ihn seine Lese- und Schreibkompetenz in die Lage versetzt, „... sich erfolgreich bei allen jenen Aktivitäten zu engagieren, die normalerweise in seiner Kultur Lese- und Schreibfertigkeit voraussetzen" (zit. n. DRECOLL, 1981, S.30). Funktionale Analphabeten sind demzufolge Menschen, welche die Mindestanforderungen nicht erfüllen können, die ihre Gesellschaft, Berufs- oder Statusgruppe in puncto Literalität an sie richtet. Analphabetismus ist nach dieser Definition eine − wie DRECOLL bemerkt − historisch und kulturell wandelbare Größe. Je höher die Schätzungen tendieren, desto sicherer können wir sein, daß den Quoten eine großzügige Auslegung des Begriffs „funktionaler Analphabetismus" zugrundeliegt. Um übertriebenen Auslegungsversuchen vorzubeugen, sei daran erinnert, daß GRAY von Anforderungen spricht, welche die Gesellschaft *normalerweise* an die Literalität ihrer Mitglieder stellt.

Analphabetismus war in unserer Gesellschaft in historischer Zeit die Folge fehlender bzw. bescheidener Bildungsangebote − genau so, wie es heute noch in vielen Entwicklungsländern der Fall ist. Die Analphabeten, die es heute bei uns gibt, haben größtenteils ihre Pflichtschuljahre absolviert. In 10000 bis 15000 Schulstunden haben sie zwar nicht lesen und schreiben gelernt. Sie sind von der Schrift jedoch nicht völlig unberührt geblieben und haben zumindest rudimentäre Kompetenzen ausgebildet: etwa die Kenntnis einiger Buchstaben, die Fähigkeit, den eigenen Namen zu schreiben, das mühsame Erlesen einiger Wörter. Aber einen Brief lesen oder schreiben, einen Einkaufszettel anfertigen oder die Aufschrift einer Lebensmittelpackung entziffern – das können die „modernen" Analphabeten nicht.

Als funktionale Analphabeten stuft GIESE (1983, S.34) alle diejenigen ein, die Lese-Schreib-Anforderungen nicht erfüllen können, wie sie für einen Hauptschulabschluß vorgesehen sind. Wegen der großen Heterogenität dieser Gruppe schlägt er folgende Spezifizierung vor:

„Gruppe 1: Völlige Analphabeten, die allenfalls ihren Namen schreiben können und einzelne Buchstaben identifizieren können.

Gruppe 2: Analphabeten, die über rudimentäre Grundkenntnisse verfügen. Sie kennen eine Reihe von Buchstaben, sie wissen, daß die Buchstaben Lautwerte repräsentieren, sie können Einzelwörter lesen.

Gruppe 3: Analphabeten, die über rudimentäre Lesefähigkeiten verfügen, aber nicht schreiben können. In dieser Gruppe ist das Prinzip der Laut-Schrift-Zuordnung verstanden worden, kann aber nur für eine stockende Lesetechnik herangezogen werden; einige Wörter können aus dem Gedächtnis heraus geschrieben werden.

Gruppe 4: Lese-Schreib-Fähige mit gravierenden Schwierigkeiten. Die dieser Gruppe Zuzuordnenden können mit geringen Schwierigkeiten lesen, aber kaum schreiben. Wichtige Phänomene der deutschen Schrift-Laut-Zuordnung (Dehnung, Schärfung, Auslautverhärtung usw.) werden nicht beherrscht. Es bestehen große Schwierigkeiten in der kognitiven Konstruktion von niederzuschreibenden Texten.

Gruppe 5: Lese- und Schreibfähige mit spezifischen Schwierigkeiten in der Orthographie, der Interpunktion und der Textkonstruktion."

Wir halten GIESES Unterscheidung für überzeugend, soweit es die Gruppen 1–3 betrifft. Die Bezeichnung „funktionaler Analphabetismus" für Schwierigkeiten, wie sie für die Gruppen 4 und 5 beschrieben werden, erscheint uns problematisch. Wer würde sich etwa in der Gruppe 5 nicht wiederfinden? Nach unserer Einschätzung wird man mit einer *rein technischen* Beherrschung der Schriftsprache, wie sie am Ende des vierten Grundschuljahres ausgebildet sein sollte, den meisten Anforderungen des Alltags genügen können. Personen, die dagegen niemals das Kompetenzniveau des zweiten Schuljahres erreicht haben oder unter dieses zurückgefallen sind, dürften in unserer Gesellschaft in ihren Handlungsmöglichkeiten erheblich eingeschränkt sein.

1.2 Verbreitung und Ausprägungsformen des Analphabetismus bei Jugendlichen

1.2.1 Größenordnungen

Die Schätzungen über das Ausmaß des Analphabetismus in Industriegesellschaften beziehen sich ausschließlich auf Erwachsene. Jugendliche, die noch der allgemeinen oder der Berufsschulpflicht unterliegen, sind in den Statistiken unberücksichtigt. Jedoch sehen sich zahlreiche Lehrerinnen und Lehrer, die in der Sekundarstufe oder an Berufsschulen unterrichten, mit Jugendlichen konfrontiert, die nicht über elementarste Kenntnisse des Lesens und Schreibens verfügen. In der Schule haben die Schüler wegen ihrer Defizite zahlreiche Schwierigkeiten. Sie erfahren Kritik und Ablehnung und erhalten schlechte Zensuren. Sie sind bei allen Lernvorgängen behindert, die schriftliche Anteile haben. Vor einer gesellschaftlichen Etikettierung schützt sie jedoch ihr Schülerstatus: von Schülern wird nicht erwartet, daß sie in allem perfekt sind. Die Gesellschaft vertraut darauf, daß es der Schule schon irgendwie gelingen wird, die fehlenden Kompetenzen bis zum Ende der Schulzeit auszubilden. Erst beim Übergang von der Schule ins Erwerbsleben wird Betroffenen ihr funktionaler Analphabetismus nicht mehr verziehen. Bei der Lehr- und/oder Arbeitsstellensuche wird fehlende bzw. unzureichende Schriftsprachkompetenz zum unüberwindlichen Hindernis und leitet soziale Ausgliederungsprozesse ein.

Das Vertrauen, das die Gesellschaft — die betroffenen Schüler und Eltern ausgenommen — in die Leistungsfähigkeit des öffentlichen Schulwesens setzt, ist für die Jugendlichen nicht nur von Nutzen. Es bedurfte des Reizwortes „Analphabetismus", um die Bereitstellung von Mitteln für die Förderung Erwachsener zu erkämpfen. Weil der Analphabetismus von Jugendlichen in der Schulausbildung praktisch nicht zur Kenntnis genommen, mitunter sogar vertuscht und verdrängt wird, fehlt es so gut wie an allem, was zu einer angemessenen Betreuung solcher Jugendlicher nötig wäre: an Förderstunden, an Förderprogrammen und an sozialer Unterstützung. Schüler, die in den ersten beiden Schuljahren nicht Lesen und Schreiben gelernt haben, werden, wie HEINZ (1983) schreibt, bis zum Ende ihrer Schulzeit praktisch „mitgezogen", ohne daß sie ein ausreichendes Fördergangebot erhalten. Auch der Besuch einer Sonderschule garantiert, wie der folgende Abschnitt zeigt, nicht, daß die Schüler einen qualifizierteren Deutschunterricht erhalten.

Laut Angaben der KMK und des Statistischen Bundesamtes wurden im Schuljahr 1984/85 9,1 % aller Schüler ohne Hauptschulabschluß entlassen. Etwa 4 % waren Sonderschüler, von denen Entlaßschüler der Schule für Lernbehinderte mit etwa 3 % das größte Kontingent stellen. Wir schließen uns GIESES (1983) Meinung nicht an, in *allen* diesen Jugendlichen funktionale Analphabeten zu sehen. Gut die Hälfte von ihnen ist es aber gewiß. In Zahlen ausgedrückt sind das 4—5 %

aller Schulabgänger, Sonderschüler mit organischen Beeinträchtigungen oder geistigen Behinderungen nicht eingerechnet. In geburtenstarken Jahrgängen wären das etwa 40000 Jugendliche, in geburtenschwachen 30000, die jedes Jahr ohne ausreichende Schriftsprachkompetenz aus den allgemeinbildenden Schulen entlassen werden.

1.2.2 Lese- und Schreibleistungen von Schülern der Schule für Lernbehinderte

Die Leistungen von Schulabgängern werden in der Bundesrepublik nicht systematisch erhoben, so daß man über die tatsächlichen Probleme der Jugendlichen wenig weiß. Zur Leistungsfähigkeit von Hauptschulabgängern ohne Abschluß sind uns keine Untersuchungen bekannt. Einige wenige Erhebungen beschäftigen sich mit der Lese- und Schreibleistung von Sonderschulabgängern. So beschreibt z.B. BÖHM schon 1967, daß eine beträchtliche Zahl von Sonderschulabgängern weit hinter den Lese- und Schreibanforderungen des 4. Schuljahres zurückbleibt. Einer Erhebung von BARTZ (1983) zufolge bescheinigen Hamburger Sonderschullehrer (den von ihnen unterrichteten) Schülern der Abgangsklassen der Schule für Lernbehinderte „schwerste Mängel": − 20 % im Lesen, 30 % im Schreiben. Eine Folgeuntersuchung (BARTZ 1987) präzisiert:
− Lesen, totaler Ausfall: 4−5 %
− Lesen, partieller Ausfall: 18−24 %
− Rechtschreiben, totaler Ausfall: 8−9 %
− Rechtschreiben, partieller Ausfall: 31 %
Nach den Zahlen aus der Untersuchung von 1983 haben wir die Leistungen der Klassen 5−9 in einer Graphik aufgetragen (s. *Abb.1*).

Zwischen dem Ende der Klasse 5 und der Klasse 6 der Schule für Lernbehinderte ist noch ein gewisser Lernzuwachs zu beobachten. Danach bleibt die Rate der Schüler mit schwerwiegenden Defiziten konstant. Offenbar ermangelt es der Schule für Lernbehinderte in den Klassen 7, 8 und 9 an Konzepten und/oder Möglichkeiten, stark beeinträchtigten Schülern Lernfortschritte im Lesen und Schreiben zu ermöglichen.

Statistiken verschleiern mitunter einen Sachverhalt mehr, als sie ihn offenlegen, weil die Personen hinter den Zahlen verschwinden. LINDNER−ACHENBACH hat im Schuljahr 85/86 in einer 8. Klasse einer Lernbehindertenschule unterrichtet. Für ein Unterrichtsprojekt „Ferienerinnerungen − Urlaubsträume" wurden im Rahmen einer Bedingungsanalyse auch die Schriftsprachkompetenzen der Schülerinnen und Schüler erhoben. Der Kenntnisstand wird wie folgt beschrieben:
„−Es zeigte sich, daß nur wenige der Schüler/innen über die notwendigen Grundfertigkeiten der aktiven Schriftsprachanwendung (wie z. B. Satzbildung, Recht-

schreibung, Strukturierung eines Textes) verfügten: ansprechende Ideen und Inhalte erhielten ohne umfassende Hilfen keine angemessene Form und blieben als Textfragmente stehen.

– Einige Schüler/innen hatten vordergründige Kompetenzen (wie z. B. das Abschreiben von Texten, das Einsetzen von Wörtern in Lückentexte) ausgebildet und konnten Schriftsprache zwar mechanisch anwenden, wenn der inhaltliche und formale Rahmen vorgegeben und/oder eng gesteckt war. Sie waren überfordert, wenn es um eigene Gedanken ging, die schriftlich umgesetzt werden sollten.

– Andere Schüler/innen hatten mit massiven Ängsten und Hemmungen bei der Anwendung von Schriftsprache zu kämpfen. Dies äußerte sich in Versuchen, sich den Anforderungen zu entziehen. Das Spektrum dieser Versuche reichte von Schutzbehauptungen („Kann ich doch alles – ist zu leicht/zu schwer – zu langweilig – ich finde mein Heft nicht –...") über Störungen des Unterrichts und Angriffe auf Gegenstände und Mitschüler bis hin zur konsequenten Weigerung, überhaupt am Unterricht teilzunehmen.

– Hinzu kam die allgemeine Skepsis gegenüber schriftlichen Anforderungen, die ich in der Klasse beobachtete. Meines Erachtens deuteten die Schüler/innen Schreiben als sanftes Disziplinierungsmittel: es gab Situationen, in denen die Klassenlehrerin infolge von Unruhe den mündlichen Unterricht abbrach und die Fragestellung nun schriftlich bearbeiten ließ" (LINDNER–ACHENBACH, 1986, S.12f).

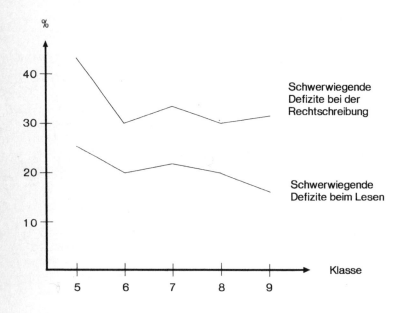

Abb.1.1: *Lese- und Schreibleistungen von Schülern der Schule für Lernbehinderte in Hamburg – Lehreinschätzung (nach BARTZ 1983)*

1.2.3 Lese- und Schreibleistungen von Jugendlichen im berufsbildenden Bereich

Was wird aus Jugendlichen ohne Hauptschulabschluß nach der Schulentlassung? BARTZ (1982, S.652) stellt für den Bereich Hamburg fest: „Die Versorgung der Schüler aus Lernbehindertenschulen von 1976–1981 ist gekennzeichnet durch:
– Abnahme der Ausbildungsverträge von 24 % auf 4 % ,
– Abnahme des Erhalts eines Arbeitsplatzes von 32 % auf 6 % (und)
– Zunahme des „weiteren Schulbesuchs" von 20 % auf 77,4 %."
„Weiterführender Schulbesuch" – das ist größtenteils der Besuch einer Jungarbeiterklasse, die Teilnahme an einem Eingliederungs- oder Förderlehrgang, dem Berufsgrundbildungs- oder -vorbereitungsjahr oder einer wie auch immer gearteten Maßnahme. Während die Lese- und Schreibdefizite der Schüler im Bereich der allgemeinbildenden Schulen scheinbar schicksalsergeben hingenommen oder mit Schweigen übergangen werden, wurde im berufsqualifizierenden Bereich schon sehr früh auf die Defizite der Schüler aufmerksam gemacht. Dies mag mehrere Gründe haben. Zum einen bewirken Selektionsprozesse auf dem Ausbildungsmarkt, daß in den Jungarbeiter- oder ähnlichen Klassen aus dem Kreis der Jugendlichen ohne Hauptschulabschluß diejenigen mit den geringsten Kenntnissen zusammenkommen. Zum anderen müssen sich die Berufspädagogen für die Defizite der Schüler nicht verantwortlich fühlen und können sie ohne Schädigung des Ansehens der eigenen Berufsgruppe leichter anprangern. Einen ersten Hinweis auf die Problematik gibt eine Arbeitsgruppe der damaligen Pädagogischen Hochschule in Dortmund in einer Resolution an den zuständigen Minister: „Nachweislich verlassen Schüler als Analphabeten die Sonderschule für Lernbehinderte, die leichte Texte – etwa im Schwierigkeitsgrad des ersten Grundschuljahres – nicht selbständig lesen und schreiben können. Diese Jugendlichen finden sich wieder in Berufsgrundschuljahren und Jungarbeiterklassen der Berufsschulen" (Z. f. Heilpäd., 1976, S.481/482). Anläßlich der Arbeitstagung „Analphabetismus unter deutschsprachigen Jugendlichen und Erwachsenen" 1980 in Bremen bemerkt HOLIN: „Trotz verbesserter Planstellenbesetzung in Grund-, Haupt- und Sonderschulen, trotz verbesserter Ausbildung für Sonderschullehrer, trotz kleiner werdender Klassen, trotz Einführung von Förderunterricht gibt es berufsschulpflichtige Jugendliche, die mit dem Erlesen selbst einfacher Texte und ihrer Sinnerfassung nicht zurechtkommen. Spätestens bei der schriftlichen Beantwortung schriftlich gestellter Fragen erfahren Lehrer und Mitschüler in gleicher Weise das bedrückende Dilemma dieser Jugendlichen" (HOLIN, 1981, S.57). Daß Berufsschullehrer auf diese Situation in keiner Weise vorbereitet sind, macht DIETRICH (1984, S.142) deutlich: „Fachlich und methodisch vorbereitet auf Berufsschule, Berufsfachschule, Fachschule, ja, sogar auf das berufliche Gymnasium – und alleine gelassen für das Berufsvorbereitungsjahr, die Sonderberufsfachschule, die Klassen für Jugendliche ohne Arbeit, Klassen für ausländische Jugendliche, ist die Situation für manchen mit großen Hoffnungen angetretenen Berufsschullehrer desillusionierend".

Auch die vorliegende Arbeit wurde durch Berufspädagogen angeregt, die anfragten, ob wir nicht Förderangebote für die von ihnen unterrichteten Jugendlichen entwickeln könnten. Um uns des Ausmaßes des Problems zu vergewissern, führten wir am Ende des Schuljahres 1982/83 Erhebungen bei 74 Schülerinnen und Schülern aus sieben „Lehrgängen zur Verbesserung der Eingliederungsmöglichkeit (LVE)" durch. Diese Lehrgänge wurden von der Bundesanstalt für Arbeit finanziert. Sie dienten der sozialen Eingliederung bzw. der Verbesserung der Berufsreife benachteiligter Jugendlicher. Die Jugendlichen unserer Stichprobe waren ausnahmslos Entlaßschüler der Schule für Lernbehinderte. Es wurden quantitative wie qualitative Erhebungen durchgeführt. Die folgende Darstellung ist einer unserer ersten Veröffentlichungen zu der Thematik entnommen (KRETSCHMANN und LINDNER−ACHENBACH, 1986). Um das Gesamtbild abzurunden, seien die Befunde hier nochmals referiert.

Die Untersuchung wurde mit Schulleistungstests für das dritte Grundschuljahr durchgeführt, dem
− „Diagnostischen Rechtschreibtest (DRT 3) für das 3. Schuljahr" und dem
− „Allgemeinen Schulleistungstest (AST 3) für das 3. Schuljahr", daraus die Untertests „Leseverständnis" und „Zahlenrechnen".
Wegen der bereits aus Einzelbeobachtungen bekannten Schwierigkeiten der Schüler wurde auf altersentsprechende Prüfverfahren verzichtet. Die Aufgaben der genannten Tests schienen uns nach ersten Beobachtungen geeignet, um die Schüler der Zielgruppe weder zu über- noch zu unterfordern. Da die Meßwerte über die ganze Bandbreite der Meßinstrumente streuten, hat sich diese Erwartung im Nachhinein bestätigt.

Abb. 1.2 gibt die Verteilung der Resultate wieder. Die Ermittlung der Rohproduktion beim DRT 3 ergab, daß die Mehrzahl der Prüfwörter von den Lehrgangsteilnehmern orthographisch falsch geschrieben wurde. Solange ein Wort aber zumindest phonetisch richtig geschrieben wird, ist eine schriftliche Kommunikation möglich. Unser Hauptinteresse galt daher der Frage, inwieweit die Schüler in der Lage sind, phonetisch richtig zu schreiben:
− 30 von 73 getesteten Schülern reproduzierten wenigstens die Hälfte der Prüfwörter in einer Form, die den Sinn nicht mehr erkennen ließ.
− Nur 23 Schüler waren in der Lage, die Wörter in einer verständlichen Form wiederzugeben.
Nachträgliche informelle Prüfungen bei einzelnen Schülern bestätigten im wesentlichen die Testresultate.

Bei dem Test „Leseverständnis" zeigten 33 von 73 Schülerinnen und Schülern Leistungen, die nicht weit entfernt sind von der Ratewahrscheinlichkeit. Günstiger sind die Leistungen im Test „Zahlenrechnen", aber auch hier gibt es Schüler mit erheblichen Defiziten.

Ein typisches Beispiel für das Schreibverhalten vieler Schüler zeigt das Testprotokoll in *Abb. 1.3*.

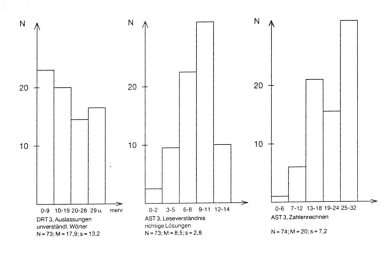

Abb.1.2: Testresultate von Teilnehmern an Eingliederungslehrgängen; Überprüfung mit dem Rechtschreibtest DRT3

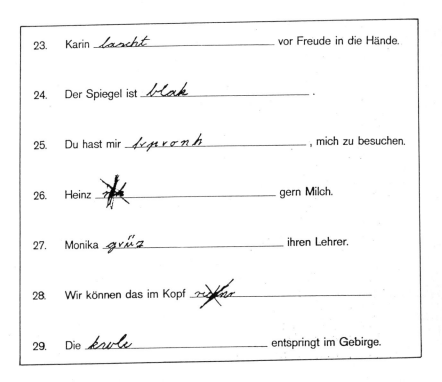

Abb. 1.3: Protokollseite aus dem DRT3

Es wird ein besonders auffälliger Laut im Wort erkannt (meistens ein Vokal) und schriftlich wiedergegeben. Die anderen Buchstaben werden relativ willkürlich zugeordnet, wobei das „richtige" Graphem oft durch optisch ähnliche Buchstaben substituiert wird. Wie *Abb. 1.3* weiter zeigt, verfügt der Schüler über eine lesbare Handschrift. Solche Diskrepanzen zwischen den verschiedenen Teilleistungen der Schriftsprachkompetenz sind charakteristisch für die Population:
– Manche Schüler können umfangreiche Texte abschreiben, ohne sie lesen zu können,
– andere können fremde Texte laut lesend reproduzieren, ohne den Sinn zu verstehen,
– wieder andere können leidlich lesen, aber sind kaum in der Lage, Wörter oder gar Sätze aufzuschreiben.

Bei einer informellen Prüfung forderten wir einzelne Schüler auf, ihren Namen und ihre Adresse aufzuschreiben. Die Ergebnisse der Teilnehmer an einer unserer ersten Fördergruppen zu Beginn der Förderung zeigt die folgende *Abb. 1.4:* Es zeigte sich, daß bereits das Schreiben oder das Lesen der eigenen Anschrift für viele Schüler ein unlösbares Problem war.

		A	B	C	D	E
Schreiben	Adresse	+	−	+	−	−
	Familienname	+	−	++	−	+
	Vorname	++	+	++	++	+
	Satz	−	−	−	−	−
Diktieren	Adresse	++	++	++	++	++
	Satz	o	−	−	−	−
Lesen	Adresse	+	−	+	o	−
	Satz	−	−	−	−	−

Zeichenerklärung:

++   Der Kursteilnehmer ist in der Lage, die geforderte Leistung jederzeit spontan und selbständig zu erbringen sowie auf ihre Richtigkeit zu überprüfen. Die Handlung ist automatisiert.

+   Der Kursteilnehmer ist in der Lage, die geforderte Leistung unter normalen Bedingungen selbständig zu erbringen. Die Handlung ist verinnerlicht.

o   Der Kursteilnehmer ist in der Lage, die geforderte Leistung zu erbringen, wenn besondere äußere Bedingungen geschaffen werden, so z.B.:
– Ruhe
– Anschauung
– verbale Begleitung durch den Kursteilnehmer selbst
– Kommunikation bezüglich der Handlung/Leistung

−   Der Kursteilnehmer ist nicht in der Lage, die geforderte Handlung/Leistung zu erbringen.

Abb. 1.4: Leistungsstand der Teilnehmer eines Förderkurses zu Beginn der Förderung gemäß einer informellen Überprüfung

Die Befunde sind keinesfalls so zu verstehen, als hätten alle Abgänger der Schule für Lernbehinderte derartige Schwierigkeiten im Lesen und Schreiben. Die kompetenteren Jugendlichen befinden sich vermutlich in anderen, qualifizierenden Ausbildungsgängen und wurden von uns nicht erfaßt. Immerhin umfaßt unsere Stichprobe aber gut ein Drittel des damaligen Entlaßjahrgangs. Deutlich wird jedoch eines: die Ausbildungslenkung durch Schule, Arbeitsverwaltung und Arbeitgeber bringt es mit sich, daß im berufsbildenden Sektor des Ausbildungswesens Extremgruppierungen von Jugendlichen mit Lernausfällen entstehen, wie es sie nicht einmal in den Schulen für Lernbehinderte gibt und bei denen ohne besondere Förderung eine schriftliche Wissensvermittlung so gut wie ausgeschlossen ist.

1.3 Folgen und Bedeutung von Analphabetismus für die Betroffenen

1.3.1 Die Situation erwachsener Analphabeten

Was es für einen Erwachsenen in unserer Gesellschaft bedeutet, von einem wichtigen Lebensbereich der Schriftsprache ausgeschlossen zu sein, haben die Medien in den vergangenen Jahren anhand von Falldarstellungen geschildert. Aussagen von Lernenden in Alphabetisierungsmaßnahmen zufolge leben viele von ihnen in der ständigen Furcht vor der Entdeckung ihrer Lese- und Schreibunkundigkeit. Dies führt zu einer Einschränkung in allen Bereichen des Alltagslebens: so werden z. B. Kontakte zu Mitmenschen „gefährlich", weil diese etwas bemerken könnten, Arbeitsstellen müssen verlassen werden, wenn eine „Enttarnung" nicht länger zu umgehen ist, soziale Leistungen (wie z. B. Wohngeld) können nicht wahrgenommen werden, weil sie mit dem Ausfüllen von Formularen verbunden sind. Es können Abhängigkeiten von einzelnen „Eingeweihten", die den Schriftverkehr erledigen, entstehen.

Diese Aufzählung kann nur andeuten, was es für einen Erwachsenen bedeutet, nicht lesen und schreiben zu können. Für Erwachsene gibt es nun verschiedene Motivationsgründe, das Lesen und Schreiben doch noch zu erlernen. Berichten von Kursleitern zufolge sind dies beispielsweise der Wunsch, den eigenen Kindern bei den Schularbeiten zu helfen, der starke psychische Druck, der u.a. durch die Angst vor dem Entdecktwerden entsteht oder die Erkenntnis, daß Schriftsprachkompetenz maßgeblich ist für einen beruflichen Aufstieg und damit verbunden mit einer Erhöhung des Lebensstandards. Auch (drohende) Arbeitslosigkeit kann zu dem Wunsch, noch einmal mit dem Lesen- und Schreibenlernen zu beginnen, führen. Nimmt ein erwachsener Mensch schließlich an einer Alphabetisierungsmaßnahme teil, so hat das für ihn Konsequenzen. Als negative wären z. B. Konflikte in der Familie zu nennen. So sind Widerstände des Ehepartners, besonders wenn Frauen den Wunsch zu lernen äußern, nicht auszuschließen, weil die Teilnahme am Kurs den Verlust der Kontrollmöglichkeit an zwei Abenden in der Woche und langfristig den Verlust einer Machtposition über den Kursteilnehmer bzw. die Kursteilnehmerin bedeuten kann. Der Entschluß kann aber auch eine Befreiung bedeuten: die Erkenntnis, daß man nicht der einzige Mensch ist, der das Lesen und Schreiben nicht gelernt hat, machte vielen Betroffenen Mut, in ihrer eigenen Lebensgeschichte nach den Ursachen ihrer Schriftsprachunkundigkeit zu forschen und sich zu den daraus resultierenden Problemen zu bekennen sowie mit den anderen Kursteilnehmern nach Lösungsmöglichkeiten zu suchen. Diese Prozesse erfolgen weder zufällig noch zwangsläufig, sondern ergeben sich aus Konzeption und Angeboten der jeweiligen Kurse.

1.3.2 Folgen und Bedeutung für Jugendliche

Die Probleme Jugendlicher ohne ausreichende Schriftsprachkompetenz sind, wie bereits erwähnt, zunächst rein schulische. Sie machen die Erfahrung, daß sie den schriftsprachlichen Anforderungen des Unterrichts nicht gerecht werden können und bekommen dies in Form von schlechten Zensuren quittiert. Außerhalb der Schule werden sie kaum mit unerfreulichen Lese- und Schreibsituationen behelligt. Dies veranlaßt viele Jugendliche zu glauben, daß sich das Problem, Lesen und Schreiben nicht so zu beherrschen, wie es der Lehrer und vielleicht auch Eltern gerne hätten, nach Verlassen der Schule ganz automatisch löst.

Die Erkenntnis ihrer Fehleinschätzung erfolgt meist erst, wenn es gilt, einen Arbeits- oder Ausbildungsplatz zu bekommen: Schriftsprachkompetenz, insbesondere die Rechtschreibleistung, ist ein Kriterium bei der Auswahl von Bewerbern, weil sie als „gängigster Maßstab für die Beurteilung des Bildungsgrades eines Menschen und dessen sozialen Ansehens" gilt (OSWALD 1981, S.51). Die fehlende Schriftsprachkompetenz wird nun auch für den Jugendlichen zu einem *existentiellen* Problem, weil sie ihn vom Erwerbsleben ausschließt. Dies gilt in verstärktem Maß für ökonomische Krisenzeiten. Hilfsarbeitertätigkeiten, die ohne Schriftsprachkompetenz auszuführen sind, werden im Zuge der Automatisierung immer knapper. Darüber hinaus sind die Möglichkeiten, sich Informationen über freie Stellen zu beschaffen, stark eingeschränkt und mehr oder minder zufällig. Aus Scham und Furcht vor dem „Schreibkram" wenden sich die Jugendlichen nicht ans Arbeitsamt. Eine weitere Möglichkeit, die systematische Suche über Zeitungsannoncen, kann nur über dritte Personen laufen. Zu der ökonomischen Abhängigkeit von den Eltern kommt diese noch hinzu. Vorhaltungen wegen vermeintlicher Faulheit oder Dummheit sind nicht selten.

Aber auch verständnisvolle Eltern vermögen nichts an der aussichtslosen Lage ihrer Kinder zu ändern. Ein Beispiel ist der Vater, der seinen schriftsprachunkundigen Sohn in der Fabrik, in der er selbst als ungelernter Arbeiter tätig ist, „unterbringen" und einarbeiten wollte. Mittlerweile ist er selbst von Arbeitslosigkeit bedroht. Die Tätigkeiten, die der Sohn übernehmen sollte, werden in absehbarer Zeit von einer Maschine ausgeführt.

Die Arbeitsmarktlage nimmt den Jugendlichen, die das Lesen und Schreiben nicht beherrschen, jegliche Chance, sich selbständig zu versorgen und zu entwickeln. Abgesehen von den minimalen Aussichten auf dem Arbeitsmarkt beginnt nun der Prozeß, den wir für die erwachsenen Schriftsprachunkundigen bereits beschrieben haben: Lese- und Schreibsituationen werden konsequent vermieden, weil sie an die ausweglose Lage erinnern. *Durch die Nichtanwendung kommt es auch bei Jugendlichen, die über rudimentäre Fertigkeiten im Lesen und Schreiben verfügten, zum Vergessen und Verlernen.* Diese Aussagen stützen sich auf übereinstimmende Berichte vieler der von uns befragten bzw. geförderten Jugendlichen; umfassende Untersuchungen gibt es zu dieser Problematik bislang nicht.

2. Entstehungsbedingungen von Lese- und Rechtschreibversagen und Analphabetismus

Als in der Bundesrepublik Ende der siebziger Jahre die ersten Alphabetisierungskurse angeboten wurden, waren die meisten Kursteilnehmer im mittleren Lebensalter: Angehörige der Kriegs- und Nachkriegsgeneration, die, bedingt durch Krieg, Flucht oder Lageraufenthalte die Schule (wenn überhaupt) nur für kurze Zeit und unregelmäßig besucht hatten. Wie OSWALD und MÜLLER (1982) anhand der Lebensgeschichten erwachsener Analphabeten ausführen, gingen mit den erschwerten äußeren Lebensumständen häufig auch familiäre Belastungen (z. B. Alkoholismus) einher. Derartige Berichte könnten den Eindruck erwecken, als seien es in erster Linie außergewöhnliche Lebensumstände, die zu Analphabetismus führen. Dies ist nicht notwendigerweise der Fall. Zwar gibt es auch in unseren Kursen Jugendliche, die in schwierigen häuslichen Verhältnissen leben. Aber alle haben ihre Schulpflicht erfüllt. Analphabetismus beginnt in der Schule und vor der Schule. Und wenn wir verstehen wollen, warum manche 16jährige eine Abneigung gegen Lesen haben oder in Panik geraten, wenn sie lesen und schreiben sollen, kann es hilfreich sein, sich zu vergegenwärtigen, wie weit ihre Probleme zurückreichen und was sie in der Schule erlebt haben, bis sie zu dem wurden, was sie heute sind.

Bei den jugendlichen Analphabeten handelt es sich vermutlich um Schüler, die schon in den ersten Grundschuljahren wegen ihrer Lese- und Rechtschreibprobleme aufgefallen sind. Wie DEHN (1984 und 1988) in einer Längsschnittstudie zeigt, lassen Schwierigkeiten bei der Aneignung des Lesens und Schreibens im ersten Grundschuljahr Probleme in den weiteren Schuljahren erwarten. Tatsächlich war bei vielen unserer Kursteilnehmer nichts unversucht gelassen worden, was die Schule gegenwärtig an Förderdiagnostik, Förderstunden und Förderprogrammen zu bieten hat.

Es ist darüber hinaus nicht auszuschließen, daß auch einige der Teilnehmer während ihrer Schulzeit als „Legastheniker" eingestuft wurden. Dabei handelt es sich allerdings um eine problematische Klassifikation, weil das Legastheniekonzept suggeriert, daß die Gründe für das Versagen einzig und allein in der betroffenen Person zu suchen sind; d. h., daß ein Defekt oder eine Krankheit, womöglich eine Hirnschädigung den Schriftspracherwerb behindert. Tatsächlich gibt es Ausprägungsformen geistiger Behinderung, welche die Aneignung der Schriftsprache ausschließen. Geburtsschäden oder Unfallverletzungen können die Sprachzentren im Gehirn schädigen. Die Folge solcher Schädigungen können Aphasien sein – zentralnervöse Behinderungen des Sprachverständnisses und/oder der Sprachproduktion. Wo die sprachlichen Verständigungsmöglichkeiten beeinträchtigt sind, sind auch die Möglichkeiten des Schriftspracherwerbs beschränkt. Schließlich können auch Seh- und Hörstörungen zu Beeinträchtigungen beim Lesen- und Schreibenlernen führen. Aber bei wie vielen der als „Legastheniker" etikettierten Kinder wird wirklich eine den Schriftspracherwerb behindernde Hirnschädigung diagnostiziert? Und Seh- oder Hörstörungen können Kinder letztlich auch nur dann behindern, wenn sie nicht erkannt werden oder wenn auf die Beeinträchtigungen keine Rücksicht genommen wird. Nicht einmal Blind- oder Taubheit können Menschen daran hindern, Schriften zu erlernen, wenn das methodische Vorgehen diesen Schädigungen Rechnung trägt. Dagegen kann man bei einem organisch und intellektuell vollkommen normal entwickelten Kind Lernversagen produzieren, wenn die Lernangebote das Kind überfordern und dem Entwicklungsstand des Kindes nicht angepaßt sind. In mangelhaften Passungen von Lernangeboten und Lernvoraussetzungen der Schüler sehen wir die Hauptgründe dafür, daß Schüler trotz Schulbesuchs das Lesen und Schreiben nicht erlernen.

Mit Passung ist gemeint, daß die Lernangebote
– an die Vorkenntnisse der Lernenden anknüpfen und
– sich an deren Interessen und Lebenserfahrungen orientieren.
Ein Mangel an Passung ist in weiten Bereichen der (Grund)schulpädagogik zu beobachten: Unterschiede in den Vorkenntnissen der Kinder bleiben so gut wie unberücksichtigt; auf Unterschiede im Lerntempo wird wenig Rücksicht genommen; das Einüben von Lesetechniken rangiert vor den Leseinhalten mit der Folge, daß viele Angebote die Kinder nicht zu motivieren vermögen. Unter Würdigung dieser Bedingungen ist es nicht zwingend, allen, die beim Lesen- und Schreibenlernen scheitern, einen organischen oder psychischen Defekt zu unterstellen – was nicht ausschließt, daß es unter den vielen Kindern mit Lese- und Schreibproblemen auch einige wenige gibt, die primär organisch geschädigt sind.

Nach diesen Ausführungen wollen wir uns noch einmal dem Legastheniebegriff zuwenden: es wird unter Fachleuten für Lese- und Rechtschreibförderung kaum jemand geben, der nicht gelegentlich auch den Begriff „Legasthenie" gebraucht. Solange der Begriff rein deskriptiv verwandt wird, als Synonym für „Lese- und Schreibschwierigkeiten", ist dagegen nichts einzuwenden. Es handelt sich um eine zwar überflüssige, aber letztlich zulässige Begriffsverdopplung. Als Erklärungsbegriff im Sinne von „Lese-Rechtschreib-Schwäche" verstanden, greift das Konstrukt jedoch zu kurz, weil es die Anteile des regulären Unterrichts am Zustandekommen von Lesestörungen unterschlägt.

Was Lernende (Kinder wie Erwachsene) motiviert und was sie kraft ihrer intellektuellen Fähigkeiten verstehen und verarbeiten können, ist eine „dosierte Abweichung vom bereits Vertrauten" (HECKHAUSEN, 1974, S.125). Allzu Vertrautes bietet keinen Handlungsanreiz. Lerninhalte, die nicht an Interessen und Vorkenntnisse der Lernenden anknüpfen, motivieren ebensowenig, wie sie verstanden werden können. Das Prinzip „Passung" besagt, daß dann optimale Voraussetzungen des Lernens gegeben sind, wenn die Lernangebote innerhalb des Denk- und Interessenhorizonts der Lernenden liegen, dabei aber durch „leichtgradige Überforderung" eine Herausforderung für eigene Lernanstrengungen sind. Ähnlich formuliert die materialistische Pädagogik: Um als „Schrittmacher der Entwicklung" zu gelten, müssen Pädagogen sich Gewißheit über die „Zone der aktuellen Entwicklung" verschaffen und Aufgaben bereitstellen, die einem Kind Schritte in die „Zone der nächsten Entwicklung" eröffnen (vgl. ROHR, 1980, S.62). Die Zone der aktuellen Entwicklung „... erfaßt das, was das Kind sich bisher angeeignet hat, Aufgaben, die es selbständig lösen kann". Die „Zone der nächsten Entwicklung" umfaßt Leistungen, die ein Kind alleine, durch Untersuchen, Probieren, Handeln oder Denken erbringen kann bzw. auf gleiche Art, aber behutsam unterstützt durch den Lehrer oder die Lehrerin.

Wir wollen im folgenden zeigen, wie die Prozesse des Lesen- und Schreibenlernens durch fehlende Passung beeinträchtigt werden können – durch Angebote, die weder an der Stufe der aktuellen noch an der Zone der nächsten Entwicklung orientiert sind.

2.1 Leseerfolg und Leseversagen – schon im Vorschulalter programmiert

Die Annahmen über die Natur von Lese- und Schreibversagen sind nicht ohne Folgen für Förderung und Therapie:
– Pädagogen, die *organische Defekte* als Ursachen annehmen, neigen zu Förderangeboten nach dem Muster krankengymnastischer Übungsbehandlungen. So, wie ein geschädigter Muskel durch systematische Betätigung gekräftigt werden kann, sollen Wahrnehmungsdefekte durch Seh- und Hörübungen überwunden werden.
– Pädagogen, die Erfahrungsdefizite als Ursachen annehmen, neigen dazu, den Betroffenen die bisher fehlenden *Erfahrungen* zu vermitteln.
Tatsächlich liefern empirische Untersuchungen wenig Beweise für eine organische Verursachung von Leseschwierigkeiten. Wie BRÜGELMANN (1984) in einem Sammelreferat ausführt, erklären Beeinträchtigungen der visuellen oder akustischen Wahrnehmung kaum mehr als 10–15 % der Lese- und Schreibleistung. Auch eine kürzlich von WENDELER (1988) durchgeführte Untersuchung ergab, daß Verfahren zur Überprüfung der „auditiven" oder „visuellen Wahrnehmung" wenig zur Erklärung der Lernfortschritte beim Schriftspracherwerb beitragen. Von weitaus größerer Bedeutung für den Erfolg beim Lesen- und Schreibenlernen sind die häuslichen Lebensbedingungen der Kinder und die Erfahrungen, welche sich die Kinder dort aneignen. Diese Erkenntnis hat sich zunächst in den englischsprachigen Ländern durchgesetzt. So bemerkt D'ARCY 1973: „Es besteht eine deutliche Korrelation zwischen der Zahl der Bücher, die ein Kind zu Hause vorfindet und dem Leseerfolg in der Schule; der Wunsch der Kinder zu lesen wird entscheidend vom kulturellen und erzieherischen Niveau einer Familie beeinflußt, vor allem von der Ermutigung und dem Interesse der Eltern an den Leseversuchen des

Kindes" (S.29). Weitere Belege fand der PLOWDEN-Report (1967), eine regierungsamtliche Untersuchung des englischen Schulwesens: Der Leseerfolg von Kindern läßt sich vorhersagen durch das Vorhandensein von Büchern im Elternhaus und dem Interesse der Eltern an der Lernentwicklung des Kindes. Genauere Zahlen über den Einfluß vorschulischer Schrifterfahrungen auf den schulischen Lernerfolg liefern MASON und McCORMICK (1979): 36 % des späteren Leseerfolgs werden vorhergesagt durch Kompetenzen wie Buchstabenkenntnis des Kindes bei Schuleintritt oder die Fähigkeit des Kindes, den eigenen Namen zu schreiben. WELLS und RABAN (1978) konnten sogar nachweisen, daß Buchstabenkenntnis und Einsicht in die Funktion und den Aufbau der Schrift am Schulanfang über 60 % der späteren Erfolge beim Lesenlernen erklären! Über ein symphatisches Detail dieser Untersuchung berichtet WELLS (1987, S.28) in einer anderen Veröffentlichung: „In der Bristol-Studie ... fanden wir heraus, daß von allen dem Lesen und Schreiben verwandten Tätigkeiten, die wir untersucht haben, Vorlese-Erfahrungen die beste Vorhersage auf einen späteren Schulerfolg zulassen". Bei deutschen Schulanfängern stellte KRETSCHMANN (1989) fest, daß etwa ein Drittel der Lernfortschritte beim Schriftspracherwerb durch Teilfertigkeiten des Lesens und Schreibens (z. B. Buchstabenkompetenz) vorhersagbar ist, die sich die Kinder vor der Schule angeeignet haben.

In einer Umgebung, in der es Bücher und Papiere gibt, tritt die Schrift schon sehr früh in den Erlebnishorizont eines Kindes. Durch das Interesse der Eltern an den ersten Lese- und Schreibversuchen werden die Kinder darin bestärkt, ihre Bemühungen fortzusetzen. Durch Vorlesen erfahren Kinder, daß Schrift zu interessanten Informationen und Erlebnissen führt. Anregungen und Rückmeldungen der Eltern verhelfen den Kindern zu Einsichten in Funktion und Aufbau der Schrift. „Gute Leser werden vor dem Schulbeginn gemacht; lange bevor die Schule ihr Werk beginnt" (BUTLER und CLAY, 1979, S.8).

Kinder, die solche Erfahrungen gemacht haben, befinden sich auf einem anderen Niveau der Lernentwicklung als Kinder, denen entsprechende Erfahrungen fehlen. RATHENOW und VÖGE stellten bei deutschen Schulanfängern folgende Unterschiede fest:
„68 (=37 %) nannten bis zu 5 Buchstaben, hatten die Synthese noch nicht erfaßt und erkannten auch keine Ganzwörter wieder.
36 (=20 %) benannten 6–10 Buchstaben, ganz wenige davon hatten die Synthese verstanden und einige erkannten wenige Ganzwörter.
35 (=19 %) kannten 11–20 Buchstaben, synthetisierten diese zum Teil und erkannten einige Ganzwörter wieder.
17 (= 9 %) kannten bereits über 20 Buchstaben, hatten die Synthese erfaßt und erkannten die meisten Ganzwörter wieder.
14 (= 8 %) konnten einfache, altersgemäße Texte sinnerfassend lesen." (zit. n. RATHENOW, 1987, S.191).
MASON (1981) setzt die Kompetenzunterschiede von Schulanfängern mit dem Lernpensum von drei Schuljahren gleich!

Literale Vorerfahrungen stehen in enger Wechselwirkung mit dem sozioökonomischen Status (SÖS) der Familien. Zwar fand M. CLARK (1976) bei einer biographischen Untersuchung von 32 guten Lesern auch Kinder, deren Familien in bescheidenen wirtschaftlichen Verhältnissen lebten. Diese Familien zeichneten sich jedoch dadurch aus, daß viel gesprochen, erzählt und auch gelesen wurde. Im allgemeinen zeigt sich, daß mit dem SÖS die literalen Vorerfahrungen und die Kompetenzen der Kinder abnehmen. Im BULLOCK-Report (1975) wird über nationale britische Untersuchungen berichtet, bei denen der SÖS der Familien in 5 Stufen unterteilt wurde, wobei Stufe V gleichbedeutend mit besonders niedrigem SÖS ist: „... die Wahrscheinlichkeit, daß das Kind eines ungelernten Arbeiters zu einem Nichtleser wird, ist sechsmal größer als bei einem Facharbeiter ...; die Wahrscheinlichkeit, daß ein Kind mit dem SÖS V zu einem Nichtleser wird ist 15 mal größer als bei einem Kind mit dem SÖS I" (S.269).

An gleicher Stelle wird berichtet, daß das „Lesealter" der Siebenjährigen mit einem SÖS der Stufe V um 17 Monate geringer ist als bei Kindern der Stufen I und II. Dieselben Kinder wurden als Elfjährige noch einmal untersucht. In den vier Jahren, die zwischen den Untersuchungen lagen, hatten sich die Unterschiede nicht etwa verringert: die Differenz hatte sich vielmehr von 17 auf 27 Monate erhöht!

Wir können nach diesen Befunden nicht umhin festzustellen, daß es auch in Industriegesellschaften wie der unseren einen Teufelskreis von Armut und (funktionalem) Analphabetismus gibt, der schon im Vorschulalter beginnt: in Ermangelung geeigneter Anregungen kommen Kinder armer Familien mit geringeren Vorkenntnissen zur Schule als Kinder aus Familien mit höherem SÖS. In der Schule werden die Unterschiede nicht etwa ausgeglichen, sondern vergrößert. Den Schülern werden keine ausreichenden Kenntnisse vermittelt und als funktionale Analphabeten können sie wiederum nur Positionen auf der untersten sozialen Stufenleiter einnehmen. Es stellt sich die Frage, warum die Schule statt auszugleichen noch zu einer Vergrößerung der vorhandenen Unterschiede beiträgt — oder warum sie diese Vergrößerung nicht verhindern kann.

2.2 Fehlende Passung

Es gibt wenige psychische oder organische Beeinträchtigungen, die Kinder daran hindern, Lernerfolge zu erzielen, wenn man bei den pädagogischen Angeboten auf diese Beeinträchtigungen Rücksicht nimmt, mithin also eine Passung herstellt zwischen dem Angebot und der Lernausgangslage des Kindes. Daß Unterschiede, die bei Schulanfängern zu beobachten sind, im Laufe der Schulzeit eher zu- als abnehmen, deutet möglicherweise auf eine fehlende Passung hin. Etwa derart, daß die Unterschiede zwischen den Schülern nicht genügend berücksichtigt werden. Vieles spricht jedoch auch dafür, daß insgesamt im Anfangsunterricht zu wenig auf die Lernbedürfnisse der Kinder eingegangen wird und zu wenig Angebote vorhanden sind, die bei Kindern Lesebegeisterung auslösen können.

2.2.1 Fehlende Differenzierung, Gleichtakt des Lernens

In den meisten Schulklassen wird mit einer Fibel unterrichtet. Rein äußerlich sehen solche Lehrgänge so aus, als setzten sie keine Vorkenntnisse voraus. Faktisch führt die Lernorganisation jedoch dazu, daß Kinder mit eingeschränkteren Vorkenntnissen keine ausreichenden Lernangebote erhalten.

In den Fibellehrgängen werden sukzessive einzelne Buchstaben eingeführt, Wörter analysiert und synthetisiert. Daß viele Kinder (vgl. RATHENOW und VÖGE, 1982 oder SCHEERER-NEUMANN u. a., 1986) schon über viele dieser Kenntnisse verfügen, wird kaum zur Kenntnis genommen. Auch wenn ein Kind schon lesen kann, „muß es noch einmal durch den Lehrgang durch". Das kann zunächst für die weiter entwickelten Kinder nachteilig sein. Sie langweilen sich, reagieren arrogant und enttäuscht, und es werden immer wieder Fälle berichtet, daß lesende Vorschulkinder ihre Lesefähigkeit wieder verlernten. In der Regel sind diese Schwierigkeiten eher vorübergehender Natur. Für die Kinder mit eingeschränkten Kenntnissen sind die Folgen solch einer unterschiedslosen Behandlung von Dauer.

Lehren ist ein rückgekoppelter Prozeß, bei dem die Lehrerin verfolgt, wie gut und wie schnell die von ihr unterrichteten Kinder die gesteckten Lernziele erreichen. Den Fortschritten entsprechend dosiert sie das Angebot und reguliert das Lehrtempo. Kinder, die sich die angestrebten Kompetenzen schon vor der Schule angeeignet haben, warten natürlich sehr schnell mit den gewünschten Leistungen auf. Eine Lehrerin, die fälschlich als „Lehrerfolg" bucht, was bei einigen Kindern ohnehin vorhanden war, gerät in Gefahr, das Unterrichtstempo für *die* Kinder zu überhöhen, die beim Erlernen der Schriftsprache ausschließlich auf die Schule angewiesen sind. Es entsteht die paradoxe Situation, daß gerade die Schüler, die wegen ihrer eingeschränkten Vorerfahrungen der Unterrichtung durch die Schule im besonderen Maße bedürfen, ein ausreichendes Unterrichtsangebot am meisten entbehren müssen.

Die Bedeutung des Lehrtempos wird auch deutlich, wenn Kursteilnehmer sich rückblickend mit ihren Schulerfahrungen auseinandersetzen und diese mit den Bedingungen in den Alphabetisierungskursen vergleichen. Beispielhaft dafür ist der folgende, von zwei Teilnehmern gemeinsam erarbeitete Text: „Uns gefällt am Förderunterricht, daß jeder genug Zeit hat, um alle Aufgaben zu erledigen. Es wird nichts „durchgezogen" wie früher in der Schule, und es gibt keine Zensuren. Wir können ruhiger arbeiten, länger überlegen und so besser und schneller lernen".

Nicht immer werden die Schwierigkeiten der Kinder sofort sichtbar. Viele Lernprozesse sind erst abgeschlossen, wenn sie automatisiert sind, d. h. die Handlungen ohne Nachdenken zielsicher ausgeführt werden können. Es ist für eine Lehrerin nicht leicht zu unterschieden, ob die Leistung, die ein Kind im Augenblick erbringt, schon automatisiert ist oder von einem Kind durch besondere Anstrengung erbracht wurde. Schreitet sie im Lernstoff voran, bevor die Automatisierung eingetreten ist, wird das Kind am nächsten Lernschritt scheitern und sehr wahrscheinlich auch die vorgegangenen Kompetenzen verlernen, weil diese nicht mehr gefestigt und geübt werden. Es hilft dem Kind dann auch nicht, wenn die Lehrerin den Lernschritt trainiert, bei dem die Schwierigkeiten des Kindes offensichtlich geworden sind. Es sind die vorangehenden Fertigkeiten, bei denen die Übungen ansetzen müßten.

Das vorherrschende Unterrichtsprinzip, nicht nur beim Lesenlernen, ist, daß alle Kinder zur gleichen Zeit die gleichen Lernoperationen vollführen und die gleichen Lernziele erreichen sollen. Dieses Prinzip basiert auf der Vorstellung, daß alle Kinder eines Jahrgangs mehr oder weniger über die gleichen Fähigkeiten verfügen. Daß dies nur in Ansätzen zutrifft, ist offensichtlich. In vielen Jahren schulischen Unterrichtens wurde daraus jedoch nicht der Schluß gezogen, daß die entwicklungspsychologische Grundannahme und damit auch das unterrichtliche Vorgehen unangemessen ist − statt dessen wurden die Probleme individualisiert und den langsamer lernenden Kindern zugeschrieben: wenn ein Kind unter den gegebenen Bedingungen nicht lernen kann, dann sind nicht die Angebote in Frage zu stellen; dann muß dies auf einen Defekt, eine Behinderung („Lernbehinderung") oder zumindest auf eine Entwicklungsverzögerung zurückzuführen sein.

Kinder, die durch das vorgegebene Tempo überfordert werden, gelten (wenn ihre Schwierigkeiten erkannt werden) sehr schnell als „gestört" oder „schwach" und sie erleben sich oft auch selbst als Versager. Etikettierung und Selbststigmatisierung wären vermeidbar, würde die Schulpädagogik die Verschiedenheit der Kinder zur Kenntnis nehmen und differenzierte Angebote bereithalten: Lese- und Schreibaufgaben für die „Leser" unter den Schulanfängern, geduldige Vermittlung von Einsichten in die Schrift für die Kinder, die erst in der Schule ihre ersten Lese- und Schreiberfahrungen machen.

Unter dem Begriff „Entwicklungsaufgaben" beschreibt HAVIGHURST (1972), daß Gesellschaften von ihren Individuen zu bestimmten Zeitpunkten des Lebensalters besondere Leistungen erwarten. Die gleiche Leistung zu einem anderen (späteren) Zeitpunkt erbracht, ist von geringerem gesellschaftlichen Wert. In unserem Fall wird erwartet, daß Kinder im ersten Schuljahr, besser noch im ersten Schulhalbjahr lesen lernen. Die Chance, dies zu einem späteren Zeitpunkt zu tun, wird einem Kind erst gar nicht eingeräumt, oder wenn doch, dann nur um den Preis, daß das Kind als „lernbehindert" oder „legasthen" eingestuft wird. Zweifellos haben wir es in unserer Gesellschaft mit einer sehr engen und rigiden Definition der Entwicklungsaufgabe „Lesen" zu tun. Wir würden Kindern besser gerecht, würden wir uns in puncto Beginn und Dauer des Leselernprozesses flexibler verhalten und den Kindern passendere Angebote zur Verfügung stellen.

2.2.2 Einfallslose Formalangebote

Die Fachdiskussion war lange Zeit von der Frage beherrscht, ob Kinder besser mit „ganzheitlich-analytisch" oder „synthetisch" aufgebauten Fibeln lesen lernen. Das ganzheitliche Prinzip besagt, daß Kinder von Anfang an mit ganzen, sinnvollen Wörtern und Texten konfrontiert werden, diese zunächst als „Wortbilder" erlernen und erst später die einzelnen Buchstaben ausgliedern. Bei dem synthetischen Vorgehen erlernen die Kinder zuerst „die Buchstaben", also einzelne Phonem-Graphem-Beziehungen und fügen aus den bekannten Graphemen Wörter zusammen. Die Kontroverse, z. T. mit dem Eifer eines Glaubenskrieges geführt, gilt heute als „pragmatisch beigelegt": die im Zusammenhang mit den beiden Strategien bestehenden theoretischen Fragen sind keineswegs hinreichend beantwortet. Empirisch betrachtet, erweist sich keine der beiden Methoden als überlegen. Nicht zuletzt deshalb sind die meisten zeitgenössischen Leselehrgänge „methodenintegriert", d. h. sie operieren mit beiden Annäherungsformen (vgl. FERDINAND, 1970).

Bei dem Streit um die „richtige" Methode wurde lange Zeit übersehen, daß gebundene Lehrgänge auf der Basis von Fibeln Restriktionen haben, die Kindern das Lesenlernen erschweren können, gleich, ob die Fibel nun ganzheitlich oder synthetisch aufgebaut ist. Daß die meisten Fibellehrgänge die unterschiedlichen Vorkenntnisse der Schüler nicht oder nur unzureichend berücksichtigen, wurde bereits erwähnt. Sie werden dadurch zu „Lernfallen" für Kinder mit eingeschränkten literalen vorschulischen Erfahrungen. Den Fibeln insgesamt wird vorgeworfen, daß das Bemühen der Fibelautoren, die Lernprozesse so einfach wie möglich zu gestalten, das Lesen seines eigentlichen Reizes beraube und das Lesenlernen zu einer lästigen Pflicht degradiere. Die Kritik eines GANSBERG (eines deutschen Reformpädagogen) aus dem Jahre 1913 hat verblüffende Ähnlichkeit mit der Kritik BETTELHEIMS 1983.

Fast alle auf Fibeln basierenden Erstleselehrgänge sind nach ähnlichen Prinzipien aufgebaut: Das Leseangebot ist in eine Geschichte aus dem kindlichen Erlebnishorizont eingebettet. Ein Aktionsbild gibt Sprechanlässe. Die Texte sind kurz. Die Übungswörter sollen dem Anfänger so wenig lesetechnische Schwierigkeiten wie möglich bereiten. Sie sollen daher lauttreu sein, gebräuchliche Buchstaben enthalten und keine Phoneme oder Grapheme, die akustisch oder optisch leicht zu verwechseln wären. Der Schrifterwerb beginnt mit dem Lesen. Erst mit einer Verzögerung von ein paar Wochen kommt der Schreiblehrgang hinzu.

Gegen diese Art des Vorgehens sind methodische Einwände möglich. Wenn vor allem auf lesetechnische Einfachheit Wert gelegt wird, sind die Möglichkeiten der Textgestaltung eingeschränkt. Es entstehen Kunstgebilde von Texten, die weit hinter den sprachlichen Möglichkeiten der Kinder zurückbleiben und schon fast Sprachverfremdungen sind. Darüber hinaus sind die Texte zumeist recht inhaltsarm. Das Lesen der Texte verschafft den Kindern keinen Informationsgewinn – erst recht nicht, wenn die gleichen kurzen Wörter und Sätze in einer Unterrichtswoche wieder und wieder gelesen werden. Manche Kinder erlernen bei solch einem Arrangement nicht das Lesen, sondern die dem Lesen abträgliche Strategie des Auswendiglernens. Da jedes Kind einen anderen Erlebnishorizont hat, ist fraglich, wie viele Kinder von den scheinbar kindgerechten Inhalten wirklich angesprochen werden. Das traditionelle Vorgehen ignoriert, daß viele Kinder zunächst ein weitaus größeres Interesse am Schreiben haben als am Lesen (vgl. CHOMSKY, 1976; SCHEERER-NEUMANN u. a., 1986). Diese spontane Produktionslust verkümmert, wenn alle Kinder zuerst mit dem Lesen beginnen müssen. Überhaupt läßt sich bei vielen Lehrgängen feststellen, daß sie nur die rezeptiven Fähigkeiten der Kinder ansprechen. Sie geben kaum Möglichkeiten, sich selbst auszudrücken; sie schränken im Gegenteil das kindliche Ausdrucksbedürfnis in vielerlei Hinsicht ein. Kinder erfahren bei solch einer Lernorganisation wenig von dem, was Lesen und Schreiben eigentlich erst lohnend macht: die Möglichkeit, durch Lesen Informationen zu gewinnen, durch Schreiben Informationen weiterzugeben, das Gedächtnis zu entlasten, sich in einem Schriftprodukt selbst zu verwirklichen.

Es gibt Kinder mit unbändigem Lernwillen, die sich durch nichts und niemanden vom Lernen abhalten lassen. Andere Kinder haben im *Elternhaus* die Möglichkeit eines funktionalen Schriftgebrauchs. Manchen Kindern fehlt es an beidem. Sie laufen Gefahr, den Lesevorgang als ein anregungsarmes, sinnleeres Geschehen einzustufen. Ihre anfangs hohen Erwartungen an das Lesen werden enttäuscht. Sie tun pflichtschuldigst, was von ihnen verlangt wird – aber auch nicht mehr.

Diese Kritik besagt nicht, daß der Anfangsunterricht selbst uninteressant oder langweilig wäre. Aber es ist nicht das Lesen, das fasziniert. Es sind die Motivierungsmittel wie etwa Kasperfiguren, die für Spannung sorgen. Ohne solch eine motivierende Verpackung bleibt die Schrift für viele Kinder ein totes Gebilde, mit dem sie sich aus freien Stücken nicht befassen. Damit aber entsteht eine Situation wie beim Autofahren: man kann in etwa 30 Stunden fahren lernen. Ohne Fahrpraxis, die darüber hinaus reicht, wird man diese Fähigkeit rasch wieder verlernen oder zumindest immer ein unsicherer Fahrer bleiben.

Den Übungseffekt, der sich einstellt, wenn Kinder aus Interesse außerhalb des schulischen Pflichtpensums lesen, beschreibt BAMBERGER (1987, S.42) wie folgt: „Lesen die Kinder nur die Texte aus dem Lesebuch (mit der Aufgabe, zu Hause die zwei oder drei Seiten zu wiederholen), so begegnen sie 500 bis 1000 Wörtern pro Woche. Lesen die Kinder aber täglich auch Texte, zu deren Lektüre sie in der Schule angeregt wurden, also Zeitschriften, Lesehefte, Jugendbücher, so nehmen sie bis zu 50000 Wörter auf". Der Übungseffekt ist dreißig bis fünfzig Mal so groß wie bei Schülern, die dazu keine Neigung und/oder keine Gelegenheit haben. Welche Bedeutung das selbständige Lesen hat, zeigt auch eine Untersuchung von HAYES und GRETHER (1969). Sie erfaßten die schulischen Leistungen von mehreren tausend Schülern der zweiten Klasse und sechsten Klasse in der Stadt New York. Mit ihrer Untersuchung wollten sie Erkenntnisse über die unterschiedlichen Lernentwicklungen von Kindern unterschiedlicher sozialer Herkunft gewinnen. Man könnte annehmen, daß sich die stärksten Leistungsveränderungen während des Schuljahres gezeigt hätten. Tatsächlich traten aber die Hauptunterschiede zwischen Schülern unterschiedlicher sozialer Herkunft in den Sommerferien auf. Die Schüler der Mittelschicht zeigten im gleichen Maße Lernfortschritte wie während der Schulzeit. Dagegen waren die Leistungen von benachteiligten Gruppen rückläufig. Diese Kinder verschlechterten sich während der Ferien vor allem im Lesen und Schreiben. Man geht sicher nicht fehl in der Annahme, daß diese Unterschiede mit den unterschiedlichen literalen Angeboten in den Elternhäusern zu tun haben und mit der Motivation zum selbständigen Lesen, die bei dem einen Teil der Kinder vorhanden ist, bei dem anderen nicht.

Man mag nach den bisher vorgestellten Befunden erahnen, daß der Erfolg beim Schriftspracherwerb nicht von einer einzelnen Bedingung abhängt: ungünstige literale Vorerfahrungen können u. U. durch ein angemessenes Lerntempo und attraktive Lernangebote ausgeglichen werden. Wo aber die Mehrzahl der Bedingungen ungünstig ist, also das Lerntempo überhöht und die Angebote reizlos, ist sicher eine Wirkungsverstärkung zu erwarten, welche die Aneignung der Schriftsprache zu einem für ein Kind unlösbaren Problem geraten läßt.

2.3 Unzulänglichkeiten schulischer Förderung

Der Gleichtakt des schulischen Lernens wird hin und wieder korrigiert durch Förderangebote für langsam lernende Schüler. In zusätzlichen Förderstunden sollen die Kinder Gelegenheit erhalten, die Kompetenzen auszubilden, die sie im regulären Unterricht nicht erlernt haben. Zeigt der Förderunterricht nicht die erhoffte Wirkung, wird man ein Kind zunächst das Schuljahr wiederholen lassen. Stellen sich auch dann keine Lernfortschritte ein, wird das Kind in eine Sonderschule, zumeist die „Schule für Lernbehinderte" überwiesen. Offensichtlich gelingt auch durch diese Maßnahmen keine ausreichende Passung des Lernangebotes.

Die Wirkung von Fördermaßnahmen hängt ab von der Qualität der Förderangebote, von Umfang, Dauer und Regelmäßigkeit, sowie von der Frage, inwieweit die Förderung mit entgegengesetzt wirkenden Bedingungen konkurrieren muß.

Erhält ein Kind Förderunterricht in der Grundschule unter sonst unveränderten Bedingungen, bedeutet das, daß es in der verfügbaren Zeit seine Lernrückstände aufholen und sich den aktuellen Lernstoff aneignen muß. Wenn der Leistungs-abstand eines Kindes zu dem seiner Mitschüler sehr groß ist, kann es vom Klas-senunterricht *nicht* profitieren. Seine Lernmöglichkeiten beschränken sich auf die Förderstunden – zumeist zwei in der Woche. In der Zeit kann Kindern geholfen werden, die geringfügige Rückstände haben. Gehören Kinder zu denen, deren „Le-sealter" sich von dem der anderen Kinder um Jahre unterscheidet, gerät die Förde-rung zu einem Wettlauf, den das Kind nicht bestehen kann und der bei der Lehrerin Frustrationen auslöst. Förderunterricht wird für diese Kinder erst dann fruchtbar, wenn man ihnen ihr persönliches Lerntempo zugesteht und nicht er-wartet, daß sie sich im Gleichschritt mit den anderen bewegen. Noch besser wäre, man würde sich überhaupt von der Vorstellung lösen, daß alle Kinder zur gleichen Zeit das Gleiche lernen sollen. Angesichts dieses grundsätzlichen Problems fällt dann die Tatsache fast kaum mehr ins Gewicht, daß Förderunterricht in der Grundschule eine höchst zufällige Sache ist. Die Schulen unterscheiden sich be-trächtlich in ihren Anstrengungen, Förderangebote zu organisieren. Bei Unter-richtsausfall infolge von Krankheit oder fehlenden Planstellen sind die Förderstun-den die ersten, die gekürzt werden.

Neben der Quantität und der Einbettung in den pädagogischen Kontext entscheidet über die Wirkung des Förderunterrichts auch die Qualität der pädagogischen Ange-bote. Nicht selten werden im Förderunterricht nur die Angebote wiederholt, die sich schon im Klassenunterricht als unwirksam erwiesen haben. Es verwundert dann nicht, daß „Förderunterricht", wie wir es überwiegend erlebt haben, für Schüler zu einer Reizvokabel wird.

Bietet dann vielleicht der Sonderschulbesuch die bessere Alternative? Kleinere Klassen, besonders ausgebildete Pädagogen, die Möglichkeit, sich auf das lang-samere Lerntempo der Kinder einzustellen – all dies könnten doch günstigere Lernbedingungen für benachteiligte Schüler sein. Dem ist entgegenzuhalten, daß Anspruch und Wirklichkeit in der Sonderpädagogik sich keineswegs immer dek-ken; zum anderen werden von den Repräsentanten des Sonderschulwesens nur zu leicht die unerfreulichen Nebenwirkungen des Sonderschulbesuchs übersehen. Wo immer man Schüler nach dem Merkmal „Leistungsversagen" gruppiert, ist wech-selseitiges Modellernen von Schulunlust und Lernverweigerung zu erwarten. Um-gekehrt fehlt die anregende Wirkung und die Unterstützung der leistungsstärkeren Schüler. Mit der Sonderschulüberweisung sinken darüber hinaus das Selbstwertge-fühl und die Leistungsbereitschaft der Schüler: „Ein als lernbehindert ausge-sonderter Schüler lernt und verhält sich nach einer gewissen Zeit des Widerstandes gegen eine solche Zuschreibung, wie man es von einem Lernbehinderten er-wartet" (MERZ, 1982, S.313).

Bei all dem ist noch nicht berücksichtigt, daß der Anspruch einer „besonderen" Förderung keineswegs immer eingelöst wird. Angesichts der Kritik, der sich die Sonderschule seit einigen Jahren ausgesetzt sieht, überweisen Grundschulen Kinder mit Lernschwierigkeiten immer später. Kinder, die nach dem 4. oder 5. Schuljahr noch nicht lesen können – darauf ist, wie alle Lehrpläne ausweisen, auch die Schule für Lernbehinderte noch nicht eingerichtet; die Hauptschule übrigens ebensowenig. Und die besondere fachliche Kompetenz? BÖHM und GRETHER (1977) ermittelten für Baden-Württemberg, daß etwa die Hälfte der Lehrerinnen und Lehrer an Schulen für Lernbehinderte keine Ausbildung für den Anfangsunterricht im Fach „Deutsch" erhalten hat und daß noch weniger sich mit besonderen Methoden der Lese- und Rechtschreibförderung befaßt haben. Auch im eigenen Wirkungsbereich beobachten wir, daß es möglich ist, ein sonderpädagogisches Studium erfolgreich abzuschließen, ohne sich auch nur im mindesten mit Fragen des Lesen- und Schreibenlernens befaßt zu haben.

2.4 Erlernte Hilflosigkeit als Folge fehlender Passung

Menschen sind mit wenigen angeborenen Verhaltensmechanismen ausgestattet. Sie müssen und können sich die Fähigkeit, in ihrer Umwelt zurechtzukommen, durch Lernen aneignen. Ein angeborener Mechanismus ist allerdings der Motor des Lernens, die menschliche *Neugier:* Schon im frühesten Lebensalter haben Kinder das Bedürfnis, durch Sehen, Fühlen, Schmecken, Suchen und Erkunden geistige Abbilder ihrer Umwelt zu gewinnen. In späteren Lebensaltern begegnet uns dieses Bedürfnis als Interesse an wissenschaftlicher Forschung, in dem Wunsch, fremde Länder zu bereisen oder auch einfach nur im Konsum von Fernsehsendungen. Die gleiche Neugier motiviert die meisten Kinder denn auch, Lesen und Schreiben lernen zu wollen. Denn daß Lesen und Schreiben mit einem hohen Sozialprestige verbunden ist, das erfahren auch Kinder schon sehr bald. Um so überraschender ist es dann, Kindern oder Jugendlichen zu begegnen, die sich für die Schrift überhaupt nicht (mehr) interessieren – mehr noch, alle Aktivitäten des Lesens und Schreibens energisch zurückweisen. Es wäre nicht falsch, aber etwas zu einfach, diese Abwehr als das Ergbnis negativer Konditionierungsprozesse anzusehen, als Folge deprimierender Erfahrungen beim Schriftspracherwerb. Die Prozesse werden besser erklärt durch das Konzept der „erlernten Hilflosigkeit" nach SELIGMAN (1986).

Zu den elementarsten Erkenntnissen der Lernforschung gehört, daß Verhaltensweisen häufiger werden, wenn sie Konsequenzen haben, die von einer Person als angenehm erlebt werden, bzw. verschwinden, wenn sie zu keinen wie auch immer gearteten Erfolgen führen. Überzeugte Verhaltensforscher haben daraus derart unsensible Empfehlungen abgeleitet wie diese: „Wenn man einem Baby das Schreien abgewöhnen will – schreien lassen und das Schreien nicht beachten. Es wird in Zukunft weniger schreien". Diese Vorhersage wird sogar zutreffen. Die Erkenntnis der Hilflosigkeitsforschung ist, daß es nicht bei der *einen* Konsequenz bleibt: Individuen, die erleben, daß ihr Tun ohne Wirkungen bleibt, verändern je nach Dauer diese Zustandes (und dem Ausmaß der vorher vorhandenen psychischen Stabilität) ihr Verhalten:
– Ihr Aktivitätsniveau geht zurück, sie werden zunehmend untätig und unmoti-

viert mit der Folge, daß sie sich von neuen Erfahrungen abschneiden;
- sie zeigen ein verschlechtertes Problemlösungsverhalten;
- sie halten sich für unfähig in jeder Beziehung und trauen sich selbst nicht zu, irgendetwas bewirken oder bewegen zu können;
- bei langen Zuständen erlebter Hilflosigkeit entwickeln sie Depressionen und/
oder psychosomatische Symptome.

Depressionen und psychosomatische Erkrankungen beobachtete SPITZ (1945) bei hospitalisierten Kindern in Waisenhäusern. Diese Reaktionen werden von SELIGMAN (S.137) unter anderem als Erscheinungsformen von Hilflosigkeit gedeutet: „Schreien und Weinen stoßen auf die tauben Ohren eines Pflegepersonals, das zu beschäftigt ist, um zu reagieren und Kontrolle zu ermöglichen. Nahrung, Windelwechsel und Schmusen erfolgen gewöhnlich nicht in Reaktionen auf die kindlichen Forderungen, sondern in Abhängigkeit von den Forderungen einer Uhr". *Hilflosigkeit ist der psychologische Zustand, der häufig hervorgerufen wird, wenn Ereignisse unkontrollierbar sind.* Hilflosigkeit ist die Folge, wenn ein Kind erlebt, daß ihm keine Erfolge beim Lesenlernen beschieden sind; es sich anstrengen mag oder nicht, es scheitert am Ende doch, es bekommt eine schlechte Zensur, es erlebt, daß der Leistungsabstand zu seinen Mitschülern nicht geringer wird.

Am Anfang der Hilflosigkeitsforschung stand eine Zufallsbeobachtung: Hunde sollten in einem Experiment lernen, einem Stromstoß zu entgehen. Die eine Hälfte des Käfigs wurde unter Strom gesetzt. Die meisten Tiere sprangen dann zunächst planlos umher, lernten aber schon nach wenigen Durchgängen, durch einen gezielten Sprung über eine Barriere die sichere Käfighälfte zu erreichen. Einige Tiere reagierten unerwartet untypisch. Sie entfalteten nur wenige Fluchtreaktionen, statt dessen legten sie sich reglos und winselnd auf den Käfigboden und liessen scheinbar schicksalsergeben alles über sich ergehen. Nachuntersuchungen konnten die Verhaltensunterschiede erklären: die „apathischen" Hunde hatten zuvor an Pawlowschen Reaktionsexperimenten teilgenommen. Dabei waren sie bewegungslos angeschirrt und hatten keine Möglichkeit, durch irgendeine Reaktion dem Stromschlag auszuweichen oder ihn zu beenden. Mit anderen Worten: Sie hatten einen Zustand der Hilflosigkeit erlebt. Nach dieser Erfahrung waren sie unfähig, Vermeidungsverhalten dort zu praktizieren, wo es Erfolg gehabt hätte.

Eine inzwischen nicht geringe Zahl von Untersuchungen, über die SELIGMAN zusammenfassend berichtet, zeigt, daß Menschen nach Erfahrungen der Hilflosigkeit nicht viel anders reagieren. Hilflosigkeitsreaktionen wurden durch Versuchsanordnungen wie diese überprüft:
- Es wurden drei Versuchsgruppen von Studenten gebildet.
- Eine Gruppe wurde einem unangenehmen, aber unschädlichen Geräusch ausgesetzt. Die Versuchspersonen hatten keine Möglichkeit, den Lärm abzustellen.
- Eine zweite Gruppe wurde ebenfalls mit Lärm traktiert, aber sie hatte einen Knopf zum Abstellen.
- Mit einer dritten Gruppe passierte nichts.
- In einem zweiten Durchgang wurden alle Untersuchungsteilnehmer dem Lärm

ausgesetzt. Dabei mußten sie eine Hand in einen Kasten legen. Was der Experimentator ihnen verschwiegen hatte: wenn sie die eine Hand auf die andere Seite des Kastens bewegten, hörte der Lärm auf.

Die Mitglieder der Gruppen 2 und 3 fanden das sehr schnell heraus. Die Angehörigen der Hilflosigkeitsgruppe ließen ihre Hand wie gelähmt liegen. Sie konnten sich nicht zu einer Reaktion aufraffen und ließen ihre Chance ungenutzt verstreichen. Erlebte Hilflosigkeit bewirkt Untätigkeit und verhindert Lernfortschritte, die Aktivität und Tätigkeit erfordern.

Ein weiteres Experiment: Wie im vorigen Versuch konnte von drei Gruppen eine ein lautes Geräusch abstellen, der zweiten wurde das Geräusch unvermeidbar dargeboten, eine dritte Gruppe hörte kein Geräusch. In einem zweiten Durchgang wurden alle mit einem Karten-Geschicklichkeitsspiel vertraut gemacht. Danach sollte jede Gruppe ihre Chancen beurteilen, in einem dritten Durchgang das Spiel zu gewinnen. Und dies waren die Ergebnisse:
- Von allen Gruppen schätzte die Hilflosigkeitsgruppe ihre Chancen am schlechtesten ein.
- Von allen Gruppen waren es die Mitglieder der Hilflosigkeitsgruppe, die nicht in der Lage waren, ein System in dem Spiel zu erkennen und es als reines Glücksspiel einstuften.
- Erfolge in dem Spiel werteten sie nicht als Ergebnis ihrer Anstrengungen oder ihrer Einsicht, sondern taten sie als Zufall oder Glück ab.

Erlebte Hilflosigkeit führt einerseits zu einer Antizipation von Mißerfolg. Andererseits verhindert sie, Zusammenhänge und Strategien zu erkennen.

Als letztes Beispiel sei ein Versuch von O'BRIEN (1967, zit. n. SELIGMAN) erwähnt. Eine Gruppe von Kindern erhielt eine Serie lösbarer Denkaufgaben. Eine andere, „hilflose“ Gruppe bekam eine lange Reihe von Aufgaben vorgelegt, die nicht lösbar waren. Eine dritte Gruppe erhielt keine Aufgaben. Nach diesem Durchgang wurden alle Gruppen mit einer Reihe lösbarer Aufgaben konfrontiert. Die „hilflose“ Gruppe lernte mit Abstand am langsamsten, dann folgte die Gruppe ohne Vorerfahrung, während die Gruppe, die bereits die Erfahrung lösbarer Aufgaben gemacht hatte, am erfolgreichsten war.

Damit stellt sich die Frage, inwieweit die im Labor nachgewiesenen Effekte auch im Erziehungsalltag existieren. Dazu einige Beispiele:
- *Ina* hat Schwierigkeiten, die ersten Buchstaben eines gebräuchlichen Leselehrgangs zu lernen. Die Lehrerin meint es gut mit ihr und übt mit ihr, „f“ und „t“ zu unterscheiden – an der Tafel und vor der ganzen Klasse. Ina wird immer aufgeregter und verzagter. Sie kann sich den Unterschied nicht merken und fühlt sich jeden Tag aufs neue „vorgeführt“. Ina gerät in eine Situation der Hilflosigkeit. Sie ist nicht in der Lage, die von ihr gewünschte Leistung zu erbringen, so sehr sie sich auch anstrengt. Sie kann nichts tun, um das für sie peinliche Üben vor der Klasse zu verhindern. Ina baut emotionale Blockaden auf und möchte schon nach 14 Tagen nicht mehr zur Schule gehen. Das Unterrichtsfach „Deutsch“ bleibt ihr noch für viele Schuljahre ein Greuel.

- *Eva*, eine Mitschülerin, erfährt zur gleichen Zeit Hilflosigkeit in einer anderen, wenngleich weniger folgenreichen Form: sie kann die Buchstaben unterscheiden. Deshalb nimmt die Lehrerin sie auch nicht dran, sie mag sich melden so oft sie will. Eva aber hat das Gefühl, daß ihre Anstrengungen von der Lehrerin nicht gewürdigt, ihre Leistungen nicht beachtet werden.
- *Jens* wurde uns vorgestellt, weil er im dritten Schuljahr (als Wiederholer) massive Rechtschreibschwierigkeiten hatte. „Dabei übe ich jeden Nachmittag mit ihm" sagte die Mutter. Wir baten sie zu zeigen, wie sie mit Jens übte. Darauf breitete sie mehrere fotokopierte Seiten mit Wortlisten aus und begann beim Buchstaben A des Alphabetes Wörter zu diktieren. Von 12 Wörtern hatte Jens 10 falsch, worauf die Mutter ihm heftige Vorwürfe machte. Jens hatte gar keine Chance erhalten, sich die richtige Schreibweise einzuprägen. Er hatte sein bestes getan, um keine Fehler zu machen. Aber das beste war zu wenig. Man kann sich leicht vorstellen, wie sich Jens' Einstellung zum Lesen und Schreiben entwickeln wird, wenn er jeden Tag dieselbe deprimierende Erfahrung macht.

Solche, das Lernen lähmende Arrangements unterlaufen nicht nur pädagogischen Laien. Ungeübte Diktate haben für langsame Lerner die gleiche Wirkung, werden sie doch ständig aufs Neue mit ihrer Unfähigkeit konfrontiert. Das größte und alle Jahre wiederholte Hilflosigkeitsexperiment des Bildungswesens ist aber wohl − wir deuteten es bereits an − das Jahrgangsklassenprinzip. Allen Kindern wird das gleiche Angebot gemacht, von allen wird die gleiche Leistung gefordert. Tatsächlich aber sind die Fertigkeiten der Kinder mehr oder weniger normal verteilt. Es *müssen* bei der gegebenen Lernorganisation und dem begleitenden Ritual der Ziffernbenotung immer einige Kinder die Schlußposition einnehmen, *immer* einige erfahren, daß ihre Leistungen nicht genügen, auch wenn sie sich noch so sehr anstrengen. Sie können durch ihr Verhalten die Konsequenzen nicht beeinflussen. Sie bleiben zurück, erfahren Ablehnung, Abqualifikation oder gar Bestrafung.

Die Folgen solcher Sozialisation erleben wir in unseren Förderkursen. Viele der Jugendlichen haben nur eine geringe Motivation, sich für irgendetwas zu engagieren. Die meisten sind zu Beginn der Lehrgänge felsenfest von ihrer Unfähigkeit überzeugt, jemals lesen und schreiben lernen zu können. Wie SELIGMAN in mehreren Kapiteln beschreibt, bedarf es großer therapeutischer Anstrengungen, bereits eingetretene Zustände der Hilflosigkeit wieder rückgängig zu machen. Erfolgreicher und ökonomischer ist es, Erziehungsbedingungen zu schaffen, unter denen Hilflosigkeit erst gar nicht eintritt. In unserem Fall würde das bedeuten, „passende" Lernangebote bereitzuhalten. Aber nicht nur dies: Hilflose Menschen führen nicht einmal mehr Erfolge auf ihr eigenes Tun zurück. Wir müssen daher in unseren Kursen den Teilnehmern immer wieder klarmachen, daß sie Fortschritte gemacht haben und daß dies eine Folge ihrer Anstrengungen und nicht etwa ein Zufallsergebnis ist.

2.5 Es geht auch anders: Alternativen zum traditionellen Anfangsunterricht

Die Schwierigkeiten mit dem Fibelunterricht wurden schon früh erkannt. Immer wieder wurden Alternativen gesucht und auch gefunden:
− Maria MONTESSORI ließ die Kinder zuerst *Schreibbewegungen* üben. Durch Sehen, Fühlen, Tasten, Nachfahren der Buchstaben auf Sandpapier wird die Buchstabenform multisensorisch eingeprägt.
− Célestin FREINET ließ die Kinder ihre Umwelt bei den Bauern und Handwerkern im Dorf erfahren. Die Beobachtungen verarbeiteten die Kinder mit einer Druckerpresse zu Klassenzeitungen und gedruckten Berichten. Erleben, Sprechen, Lesen und Schreiben gehen in der Freinet-Pädagogik eine innige Verbindung miteinander ein.
− Auch deutsche Reformpädagogen empfahlen, mit den Kindern eigene Fibeln aus gemeinsamen Erlebnissen heraus zu entwickeln. − In der Waldorf-Pädagogik beginnt man mit dem Schreibenlernen, wobei man die Grapheme aus rhythmischen Bewegungsmustern, die Phoneme aus lautmalerischen Geschichten und Gedichten heraus entwickelt.
− S. ASHTON-WARNER unterrichtete in den vierziger Jahren eingeborene Maori-Kinder in Neuseeland. Aufgrund tiefenpsychologischer Überlegungen ging sie davon aus, daß solche Wörter bevorzugt gelernt werden, die an unterbewußte Prozesse rühren. Sie überließ den Kindern die Wortauswahl und stellte fest, daß den Kindern das Erlernen sog. „sex-hate-and-fear-words" keinerlei Schwierigkeiten bereitete.

Alle diese Erfahrungen haben zur Entwicklung des „language-experience-approach", des „Spracherfahrungsansatzes" beigetragen, der vor allem in England die Lesedidaktik nachhaltig beeinflußt hat. Seine Prinzipien lassen sich wie folgt zusammenfassen:
− Schrift ist Abbild gesprochener Sprache. Je weiter die Sprachentwicklung der Kinder ist, desto erfolgreicher verläuft das Lesen- und Schreibenlernen. Die Kinder erhalten daher häufig Sprechanlässe. Die Lehrerin hält die Kinder zum Verbalisieren an: „tell me, what you are doing".
− Der Lesestart soll in der *Eigensprache* der Kinder erfolgen. Um die Anfänger nicht mit einer ungewohnten Sprache zu verwirren, soll die Lehrerin darauf achten, welche Wendungen die Kinder verwenden. Diese Wörter und Ausdrucksweisen sollen in die ersten Lesetexte einfließen.
− Die Texte sollen Erlebnisse widerspiegeln, die für die Kinder eine persönliche Bedeutung haben. Die Lehrerin unterhält sich in einer morgendlichen Gesprächsrunde mit den Kindern und verfertigt, solange die Kinder noch nicht selber schreiben können, kleine Texte über die Themen, welche die Kinder bewegen − für einzelne Kinder oder die ganze Klasse.
− Die Kinder sollen so früh wie möglich eigene Vorstellungen und Erfahrungen aufschreiben können. Lesen und Schreiben (mit Druckschrift) werden daher parallel geübt. Schon im ersten Halbjahr werden die Kinder animiert, unter Verwendung von Wortkarten eigene Texte selbst zu verfertigen.

– Die Kinder erfahren so früh wie möglich, wie sie mit der Schrift ihren Handlungsspielraum erweitern können. Sie erfahren den Gebrauchswert in Form von Briefeschreiben, Einkaufszetteln, Backrezepten, Klassenzeitungen oder auch nur bei der Kennzeichnung ihres Eigentums. Der Unterricht ist weitgehend handlungs- und projektorientiert.

– Eine Vielzahl attraktiver Leseangebote im Klassenzimmer und in der Schule soll die Kinder zu eigenen Leseaktivitäten anregen.

– Jedes Kind soll Angebote erfahren, die *seinem* Kenntnisniveau entsprechen. Es wird akzeptiert, daß die Lernentwicklung unterschiedlich verläuft, daß z. B. einige Kinder bereits umfangreiche Texte verfertigen, während andere sich noch in den Anfängen der Phonem-Graphem-Beziehung üben.

– Die Eltern sollen den Lese- und Schreiblernprozeß vorbereiten und begleiten.

Zum Teil werden schon die Eltern von Vorschulkindern in die Schule eingeladen. Dort werden sie informiert, wie wichtig es ist, daß mit den Kindern geredet wird, daß sie Bücher zur Verfügung haben, daß ihnen vorgelesen wird. Dies setzt sich auch in der Schulzeit fort, wobei die Eltern auch in die Schule eingeladen werden, um dort ihren und anderen Kindern beim Lesen zuzuhören.

Alle diese Bemühungen dienen dem Ziel, die Attraktivität der Schrift und gedruckter Medien zu erhöhen. Bücher und Zeitungen müssen heute mit den elektronischen Medien konkurrieren. Im Bewußtsein dieser Herausforderung wird die Schrift als ein Medium vermittelt, über das die Kinder autonom verfügen können, mit dem sie ihre kreativen Bedürfnisse verwirklichen können. Das schließt nicht aus, daß es in einem Unterricht, der nach dem Spracherfahrungsansatz organisiert ist, *auch* Phasen gibt, in denen mechanisch Lese- und Schreibtechniken geübt werden. Aber man erwartet, daß dort, wo Lesen und Schreiben selbst ein lebendiges Geschehen ist, die Kinder bereitwilliger üben.

Die Prinzipien des Spracherfahrungsansatzes sind in englischen Grundschulen weit verbreitet (vgl. KRETSCHMANN, 1985), z.T. auch in den USA. Sie finden sich auch in angloamerikanischen Alphabetisierungsprogrammen wieder (McFARLANE, 1976). Diese wiederum haben die Erwachsenenalphabetisierung in der BRD angeregt.

3. Was man über Lesen und Lesenlernen wissen sollte

Viele Pädagogen, die mit illiteralen Jugendlichen zu tun haben, sind nicht dafür ausgebildet, elementare Kenntnisse des Lesens und Schreibens anzubahnen. Sofern sie das überhaupt versuchen, sind sie darauf angewiesen, sich entprechende Kompetenzen autodidaktisch anzueignen. Verfolgt man die Entwicklung der Alphabetisierung, so läßt sich beobachten, daß autodidaktisch vorgehende Pädagogen ohne die Scheuklappen einer verkrusteten didaktischen Tradition zum Teil sehr kreative Lösungen gefunden haben. Dies gilt vor allem für das gebrauchsorientierte Vorgehen und das Eingehen auf die Schülerinteressen. Ohne eine subtile Kenntnis des Lerngegenstands „Schriftsprache" und der psychologischen Prozesse beim Gebrauch und dem Erlernen von Schrift sind aber auch Dilettantismus oder methodische Einseitigkeit nicht fern. Erinnert sei etwa an die Überbetonung der Morphemmethode in den Anfängen der Alphabetisierung. Diejenigen, die über Schriftsprache schon genug wissen, mögen es uns nachsehen − für die anderen wollen wir einen kurzen Abriß der grundlegenden Prozesse des Lesens, Schreibens und des Schriftspracherwerbs geben.

3.1 Die Geschichte der Schriftentwicklung

„Um die Höhe der Anforderungen, die der Erwerb unseres alphabetischen Schriftsystems an die Tätigkeit des Schulanfängers stellt, in seinem ganzen Umfang einzuschätzen, ist es notwendig, daß wir uns auf den Jahrtausende während Weg besinnen, den die Menschheit bis zur Konzipierung dieses Systems zurücklegen mußte ..." (WEIGL, 1979, S.17). Wir haben diesen Rat angenommen und geben im folgenden auszugsweise WEIGLS Darstellung der Schriftentwicklung wieder.

Die Entwicklung der Schriftsprache begann 3000 Jahre vor unserer Zeitrechnung im vorderasiatischen Raum. Eines der ersten Schriftsysteme war die Keilschrift der Sumerer. Im Laufe der 5000 Jahre alten Geschichte der Schrift wurden unterschiedliche „Denkmodelle" entwickelt. „Dennoch lag und liegt all diesen Schriftsystemen das Bestreben zugrunde, die lautsprachliche Kommunikation der Menschen über Zeit und Raum hinaus zu erweitern. Ungeachtet der Verschiedenheit der Systeme wird dieses Bestreben gleicherweise mit Hilfe der *Sichtbarmachung bestimmter Aspekte der unterschiedlichen linguistischen Ebenen der Lautsprache realisiert*" (S.10).
− Die ersten Schriften waren logographisch. Die Gegenstände des Interesses wurden als bildhafte Zeichen dargestellt, die größtenteils ikonischer Art waren. Es läßt sich jedoch „... eindeutig ... belegen, daß bereits im Frühstadium der Schrift-

entstehung häufig eine linguistisch determinierte Darstellungsmethode verwendet wurde" (S.11): Für abstrakte Sachverhalte wurden z. B. die Bildzeichen homonymer Gegenstände verwandt, so repräsentiert etwa in der sumerischen Schrift ein Pfeil das einsilbige Wort „ti". Das aber bedeutet nicht nur „Pfeil", sondern zugleich auch den homonymen (gleichklingenden) Begriff „Leben".

– Eine Weiterentwicklung dieses Prinzips bestand darin, „... daß eine Reihe mehrsilbiger Wörter der betreffenden Sprache sinnfreie Silben enthielten, die mit bestimmten einsilbigen Wörtern gleichlautend waren." ... „Dieser Darstellungsmodus sinnfreier Silben führte im weiteren Verlauf der Schriftgeschichte zur Aufstellung gesonderter Silbenzeicheninventare – neben denen der Wortzeichen –, wobei es schließlich auch zur Schaffung von Silbenzeichen kam, denen kein Wortzeichen entsprach" (S.12).

– „Der letzte und qualitativ größte Sprung in der Schriftentwicklung ... besteht in der endgültigen Absage an das logographisch-syllabische Abbildungsverfahren zugunsten eines Denkmodells, das ... auf dem Prinzip der optimalen „Ökonomie" der Zeichenverwendung bei der Sichtbarmachung gesprochener Sprache beruht" (S.13): Statt Silben abzubilden, wurden Zeichen für Einzellaute der gesprochenen Sprache vereinbart. „Durch die Wahl von „Einzellauten", deren Inventare in allen Sprachen quantitativ wesentlich reduzierter sind, ergab sich die Möglichkeit, die korrespondierenden Schriftzeichenrepertoires beträchtlich zu verringern" (S.13).

Wir unterbrechen an dieser Stelle, um einige der gebrauchten Begriffe zu illustrieren. *Ikonisch-logographischen* Darstellungen begegnen wir heute auf allen Bahnhöfen, Flughäfen oder internationalen Sportstätten. Bei Darstellungen wie in *Abb. 3.1* ist auf den ersten Blick klar, was gemeint ist. Sie sind logographisch, weil die Graphik auf eine Bedeutung verweist; sie sind zugleich auch ikonisch, weil sie zwar stilisierte, aber doch getreue Abbilder der realen Sachverhalte sind.

Abb. 3.1: Ikonisch-logographische Symbole

Auch *Abb. 3.2* zeigt eine logographische Darstellung, die für eine bestimmte Bedeutung steht. Der Sachverhalt wird weder bildlich noch phonetisch abgebildet. Dennoch gibt das Zeichen demjenigen eine Information, der die Bedeutung kennt. Die Bedeutung *nicht-ikonischer Logographeme* ist das Resultat von Vereinbarungen. Die Bedeutung solch eines Logographemes kann man nur erfassen, wenn man über die Vereinbarung in Kenntnis gesetzt wird.

Abb. 3.2: Nicht-ikonische-logographische Symbole

Das historische Verdienst der Erfindung des alphabetischen Schriftsystems wird in der Schriftforschung allgemein den westsemitischen Phönikern zugeschrieben. „Dem phönikischen und den von ihm abgeleiteten übrigen semitischen Schriftsystemen (auch dem heutigen arabischen und hebräischen) liegt das Bestreben zugrunde, die Redundanz der Schriftzeichen zu vermindern, indem nur das „tragende" Konsonantengerüst, nicht aber die vom Kontext häufig leicht zu ergänzenden Vokale abgebildet werden" (S.14). Aus diesem teilalphabetischen Prinzip haben die Griechen ein vollalphabetisches entwickelt, indem sie (obligatorisch) auch die Vokale durch Zeichen repräsentierten. Im Vergleich zu allen anderen Schriften „... zeichnet sich die alphabetische Schrift durch einen besonders hohen Grad von Abstraktheit aus, dem die Entwicklung eines selektiven Verhaltens gegenüber den Ebenen der Lautsprache, vor allem gegenüber der phonologischen Ebene zugrundeliegt ... In gewisser Weise muß der Schüler diesen Weg der phönikischen und griechischen Schriftumwandler nachvollziehen, indem auch er in der Phase der Aneignung seine lebendige, konkrete Einstellung zu seiner Sprache als seines bis dahin einzigen akustisch-artikulatorischen Verständigungsmittels zurückstellt, um die erforderliche Distanz zu seiner Sprache gewinnen zu können und auf diese Weise in der Lage zu sein, sie zu manipulieren" (S.17).

„Das neu zu erwerbende Denkmodell erfordert die Aneignung zweier korrespondierender Zeicheninventare, von denen das eine aus einer begrenzten Anzahl „invarianter" Lautsegmente, das andere aus einer ebenfalls limitierten Anzahl nichtikonischer Schriftzeichen besteht" (S.17). *Es ist also nicht so, daß das Kind bereits über die Lautsegmente verfügt und nur die optischen Zeichen hinzulernen muß; es muß sich auch die Lautsegmente aneignen, bzw. sie müssen ihm vermittelt werden.* Es bedarf der Herausbildung eines abstrakten Verhaltens gegenüber den Reizkonstellationen, was in kognitiver Hinsicht vom Schüler eine erhebliche Umstellung erfordert. Das Erlernen der Zeichensysteme bedeutet eine hohe Beanspruchung des mechanischen Gedächtnisses, die auch dann nicht unterschätzt werden darf, wenn das Kind diese Aufgabe normalerweise ohne sichtbare Schwierigkeiten bewältigt. Es gilt eine Vielzahl von „Vorschriften" zu akzeptieren, zu speichern und zu realisieren, die nicht näher begründbar sind, z. B. das Schreiben von links nach rechts, die Worttrennung durch Zwischenräume im Satz, die Regelinventare der Rechtschreibung. Die kognitiven Leistungen, die beim Schriftspracherwerb gefordert sind, entsprechen in nichts den bisherigen Denkgewohnheiten und

Erfahrungen der Kinder. „Der Mangel an natürlicher Anknüpfung an Erfahrungen aus der vorschulischen Welt des Kindes macht sich bei der Vermittlung unseres alphabetischen Schriftsystems auf Schritt und Tritt bemerkbar", denn allein durch die Berufung auf die „Konvention" sind die jungen Leser und Schreiber für die Aneignung der „Vorschriften" unserer heutigen alphabetischen Schrift kaum zu motivieren (S.18f).

Es mag von Zeit zu Zeit nützlich sein, sich den langen Weg der Menschheit zu vergegenwärtigen bis zur Entwicklung der Schrift, wie wir sie heute kennen, um nicht ungeduldig zu werden, wenn Kinder oder auch ältere Lernende auf dem Weg zur Schriftsprache nur mühsam vorankommen. Es mag nützlich sein, sich alle die Teilleistungen zu vergegenwärtigen, die zum Lesen oder Schreiben erforderlich sind. WEIGL ist der Auffassung, die Schwierigkeiten vieler Kinder bei der Aneignung der Schriftsprache könnten gemindert werden, wenn die Lehrenden sich bewußt würden, daß „... die Akzeptierung, Speicherung und Beherrschung all dieser Vorschriften und Regeln durchaus nicht „selbstverständlich" ist, und daß die Verstöße gegen diese nicht zuletzt mit der Willkürlichkeit unseres alphabetischen Systems zusammenhängen" (S.20).

3.2 Was ist das eigentlich – „Lesen"?

Der Begriff „Lesen" beschreibt eine Klasse höchst unterschiedlicher Tätigkeiten: Lautes und leises Lesen, Korrekturlesen, sinnerfassendes Lesen oder eine „Lesung" im Sinne eines künstlerischen Vortrags. Alle diese Formen unterscheiden sich in der Zielgebung, aber auch in den psychologischen Abläufen. Die unterschiedlichen Aktivitäten des Lesens wollen wir an den *Abb. 3.3–3.5* verdeutlichen.

Haben Sie versucht, die drei Texte sinnerfassend zu lesen? Dann werden Sie bemerkt haben, daß sie sich bei jedem Beispiel einer anderen Strategie bedient haben: Das erste Beispiel kann man lesen, indem man raschen Blickes über die Zeilen wandert. Auch wenn man einmal ein Wort ausläßt, geht einem der Sinn nicht verloren. Beim zweiten Beispiel ist es schon schwieriger. Um den Sinn zu erfassen, muß man jedes Wort genau ansehen, womöglich einzelne Sätze oder den ganzen Text mehrmals lesen. Im dritten Fall werden sie vermutlich angefangen haben zu buchstabieren oder laut zu lesen. Dabei ist es Ihnen wahrscheinlich gelungen, die Wörter richtig auszusprechen. Wenn sie kein Pharmakologe sind, werden sie eine Bedeutung in den Wörtern nicht gefunden haben.

An dem letzten Beispiel wird deutlich, daß Lesen gemeinhin mehr ist als die „Produktion von Sprachlauten und die Zuordnung von Lauten zu geschriebenen Buchstaben" (GAGNÉ,1969) bzw. die „Rückgewinnung der Rede aus den Zeichen der Schrift". Die Rekonstruktion des Wortklangs bezeichnet GOODMAN (1976) als *Recodieren*. Lesen im engeren Sinne aber liegt erst vor, wenn wir auch die Bedeutung des Gelesenen erfassen, also *decodieren*.

Der Vorgang des Decodierens ist (nach GOODMAN) für geübte Leser ein „hypothesenprüfender Prozeß" unter Ausnutzung von Intra-Text-, Intra-Satz- oder Intra-Wort-Redundanz. Ein Text ist redundant, wenn er mehr Details enthält, als zum Entschlüsseln der Mitteilung notwendig wären. Texte können unterschiedlich redundant sein. Ein „leichter" Unterhaltungstext etwa ist höher redundant als ein juristischer Text, wie in unserem zweiten Beispiel. Wenn wir einen Text lesen, lassen wir nicht einfach die Zeichen auf uns wirken. Wir tasten die Texte auch nicht Buchstabe für Buchstabe ab. Vielmehr bilden wir allein aufgrund der Überschrift

Felix und ich

Heute scheint die Sonne. Es ist überall warm.
Wenn ich mit meinem Dackel Felix spazieren gehe,
und wir rennen, dann schwitze ich am Kopf
und am Rücken.
Es tut gut, zu laufen und zu schwitzen.
Im Wald streckt Felix seine krummen Beine von sich
und läßt die Zunge aus dem Maul hängen.
Außerdem kratzt er sich. Papa sagt: Er hat Flöhe
und kann nur mit der Zunge schwitzen. –
Ich freue mich, daß ich ein Mensch bin
mit Armen und Beinen und daß ich keine Flöhe habe.
Ich kann mir den Schweiß mit dem Taschentuch
abwischen
und ein Glas Wasser holen, wenn ich durstig bin.
Dem Felix werde ich ein Schüsselchen Wasser holen.
Er wartet bestimmt darauf.
Der Felix und ich, wir reden nicht viel zusammen.
Er wackelt mit dem Schwanz, dann freut er sich.
Er lacht mit dem Schwanz.
Hunde können nicht mit der Schnauze lachen.
Wenn Felix Angst hat, zieht er den Schwanz ein.
Wir haben aber fast niemals Angst,
weil wir zu zweit sind.

Abb. 3.3: Lesetext mit hoher Intra-Text-Redundanz und bekannten Begriffen

Diesem idealen Verhalten des Regelkreises steht aber die verzögernde Wirkung der Regelstrecke durch alle ihre Übertragungsglieder im Wege. Es gilt daher, für eine gegebene Regelstrecke den günstigsten Regler mit dem bestmöglichen Zeitverhalten zu suchen und anzuwenden, um damit so viel als möglich von den verzögernden Wirkungen der Strecke auszumerzen. Diesen Vorgang bezeichnet man als Optimierung.

In Bild 118 sind eine Reihe von Übergangsfunktionen zusammengetragen, nämlich die Antworten der Regelgröße auf einen Einheitssprung der Führungsgröße im Sollwertkanal des Reglers bei verschiedenen Einstellungen der Reglerdaten. Über die Genauigkeit der Regelung ist nach diesem Zeitverhalten keine Aussage zu machen. Wohl aber läßt sich aus der Steilheit des Überganges entscheiden, ob die Regelung langsam oder schnell vonstatten geht. Weiterhin ist zu sehen, daß mit einem schnellen Anschwingen vielfach auch ein zu wenig gedämpftes Verhalten verbunden ist. Und letztlich ist festzustellen, daß es als ungünstig angesehen werden muß, wenn die Regelgröße nach anfänglich schnellem Folgen im weiteren Verlauf der Übergangsfunktion nur sehr zögernd den Endwert erreicht. Man spricht von „Nachziehen". Als optimal wird man ein Verhalten nach der mittleren Darstellung ansprechen müssen; denn hier geschieht

Abb. 3.4: Fachbuchtext mit geringer Intra-Text-Redundanz und z. T. wenig geläufigen Fachausdrücken

Dexamethasonum

Norpseudoephedrinhydrochlorid

Diacetyldioxiphenylisantium

Dimethylaminophenyldimethy-
lpyrazolonum

Acidumisopropylbromal-
barbituraticum

Abb. 3.5: In der Umgangssprache unbekannte Pharma-Bezeichnungen

oder nach den ersten erlesenen Begriffen Hypothesen, wie der Text weitergehen wird. Wir überlesen die Textpassagen, die wir erahnen, und suchen nur noch an bestimmten Fixpunkten Bestätigung, ob unsere Vermutung auch richtig ist. Die Registrierung der Blickbewegungen beim Lesen zeigt, daß das Auge nicht gleichmäßig über den Text „gleitet". Es „springt" von Fixpunkt zu Fixpunkt, wobei auch „Rücksprünge" häufig sind: nicht immer liegen wir mit unseren Texthypothesen richtig.Wir merken das daran, daß das Gelesene für uns keinen Sinn ergibt. Dann müssen wir zurück zum Anfang des Satzes und einen erneuten Versuch starten.

Satzanfänge sind bei dem hypothesenprüfenden Lesen besonders wichtig. HELLER (1976) beobachtete besonders lange Fixationen am Anfang eines Satzes; den folgenden Teilen wird weniger Aufmerksamkeit gewidmet. Je schwieriger ein Text ist, desto kleiner werden die Abstände zwischen den Fixpunkten und desto stärker nimmt die Zahl der Fixierungen zu. Die „Bandwurmbegriffe" auf unserer Medikamentenpackung haben fast gar keine Redundanz. Daher sind wir schon fast gezwungen, einzelne Buchstaben zu fixieren. Kinder mit Leseschwierigkeiten benötigen übrigens mehr Fixationen und die Zahl der Rücksprünge ist bei ihnen größer. Dies deutet auf ein Unvermögen hin, Text-Redundanz auszuwerten — was nicht verwundert, denn Kinder, die Mühe haben, aus Graphemen Wörter zu recodieren, werden wenig Bewußtseinskapazität übrig haben, um Texthypothesen zu bilden. Probieren sie es doch mit „Sprüngen", sind die Ergebnisse unbefriedigend und sie müssen sich dann häufiger korrigieren.

Die Möglichkeit, Intra-Text-Redundanz zu nutzen, ist für jede Lesedidaktik ein Maßstab. Erst in dem Stadium der Leseentwicklung wird Lesen befriedigend und damit selbstverstärkend. Ein Lernender, der dieses Stadium nicht wenigstens in Ansätzen erreicht, läuft Gefahr, am Ende eines Satzes den Anfang vergessen zu haben. Die Folge ist Unverständnis oder die Notwendigkeit, das gleiche wieder und wieder zu lesen. Es gibt kaum einen anderen Weg, das Stadium des hypothesenprüfenden Lesens zu erlernen als häufiges Lesen. Allerdings spielen bei der Entwicklung dieser Kompetenz die Texte eine wesentliche Rolle: wenig redundante Texte erschweren das sinnentnehmende Lesen zusätzlich. Sie können bei unsicheren Lesern rasch Frustration und Resignation provozieren. Mit redundanten Texten, die gebräuchliche Begriffe und Satzmuster enthalten, womöglich sogar mit identischen Begriffen operieren, kommt man diesen Lesern entgegen. BALHORN u. a. (1987) haben mit der REGENBOGEN-Lesekiste derartige Texte für Schulanfänger entwickelt. Es wäre sinnvoll, eine ähnliche Textsammlung für Jugendliche und Erwachsene mit eingeschränkter Lesekompetenz herzustellen.

Kehren wir ein letztes Mal zu unserem Beispiel *Abb. 3.5* zurück: Decodieren erfordert, daß der Leser in seinem Gedächtnis Begriffe gespeichert hat, die mit dem geschriebenen Text korrespondieren. Dies scheint vielen eine Selbstverständlichkeit. Gerade Kinder benachteiligter und spracharmer Familien kennen jedoch mitunter die in der Schule gebrauchten Begriffe nicht — auch eine Bedingung, die den Lernprozeß erschweren kann.

3.3 Die Entwicklung der Schreib- und Lesekompetenz

Wenn direktes Decodieren ein Endstadium der Leseentwicklung ist — welche Etappen der Entwicklung gehen dieser Kompetenz voran? Einig ist man sich in der Fachwelt über folgende Feststellung: „Schriftspracherwerb ist kein zeitlich eng begrenzter, allein schulisch angeregter Vorgang, sondern ein bereits früh einsetzender, mehrstufiger Entwicklungsprozeß, dessen Phasen durch jeweils besondere Aneignungsstrategien gekennzeichnet sind, die sich darüber hinaus im Wechsel über das Lesen und Schreiben entfalten" (GÜNTHER, 1987, S.103). In welchem Lebensalter der Schriftspracherwerb beginnt, dürfte von Kind zu Kind sehr verschieden sein. BAGHBAN (1987) berichtet über erste Schreibversuche eines Kindes im Alter von 19 Monaten. Erste Lese- und Schreibversuche (Erkennen, Abmalen von Buchstaben, Kritzelbriefe) bei drei- bis vierjährigen Kindern literaler Familien sind keine Seltenheit. In Familien, in denen wenig gelesen und geschrieben wird, kann der Prozeß wesentlich später einsetzen. Zur Frage der Etappen der Entwicklung liegen uns Veröffentlichungen vor von CHOMSKY (1976), EICHLER (1976), BRÜGELMANN (1984, 1986), ELLIS (1984), FRITH (1985), GÜNTHER (1986,1987), SCHEERER-NEUMANN, KRETSCHMANN u. BRÜGELMANN (1986). Die in den Publikationen vorgetragenen Beobachtungen und Deutungen stimmen nicht in allen relevanten Fragen überein. In etwa zeichnet sich folgender Verlauf bei der Aneignung der Schriftsprache ab:

Phase I: Kritzelbriefe und „so tun als ob" man liest: das Kind setzt sich mit einem Bilderbuch in Leseposition und rezitiert einen Text.

Phase II: Logographisches Lesen und Schreiben, vereinzelte Aneignung von Phonem-Graphem-Beziehungen; Wörter werden anhand charakteristischer Details wiedererkannt, ohne daß das Kind die einzelnen Grapheme lautlich benennen könnte, das gleiche gilt für das Schreiben einzelner Wörter.

Phase III: Anfänge alphabetischen Lesens und Schreibens, wobei beim Schreiben zunächst nur „besonders betonte und gut hörbare Lautwerte" (EICHLER, 1976, S.250) wiedergegeben werden. Kennzeichnend sind sog. „Skelettschreibungen" (MS für „Maus", UM für „Blume").

Phase IV: Konsequenter Ausbau der alphabetischen Schreibweise und des alphabetischen Lesens. In dieser Phase schreiben Kinder „wie man spricht", z. B. „flanse"; lautes Lesen klingt gedehnt und verfremdet, weil die Kinder noch stark damit beschäftigt sind, die erlesenen Phoneme zu größeren Einheiten zu vereinigen. Falsche Betonungen (Nagel statt Nagel) hindern Kinder mitunter daran, die Wortbedeutung zu erkennen (vgl. KRETSCHMANN, 1987).

Phase V: Orthographisches Lesen und Schreiben. Beim Schreiben werden zunehmend von den phonetischen Regeln abweichende Rechtschreibregeln verwandt (man spricht „Hunt", aber schreibt „Hund"). Beim Lesen äußert sich die orthographische Zugriffsweise, indem nicht mehr buchstabenweise gelesen wird, sondern größere Einheiten verarbeitet werden, etwa Silben oder Morpheme. Dies beschleunigt den Lesevorgang und es ist dann nur noch eine Frage der Häufigkeit des Übens, bis das Stadium des direkten Decodierens erreicht wird, das wir im vorigen Abschnitt beschrieben haben.

48

Die Einteilung soll nicht als ein starres Schema verstanden werden, das sich so und nicht anders bei jedem Kind wiederholen muß. Zum einen wissen wir über die vorschulische Leseentwicklung von Kindern noch zu wenig, um die Entwicklungsetappen endgültig beschreiben zu können. Zum anderen überlappen sich die verschiedenen Strategien des Lesens und Schreibens, etwa derart, daß ein Kind einzelne Wörter „noch" logographisch liest, andere aber schon alphabetisch anzugehen versucht. Das Wenige, was wir wissen, zeigt uns darüber hinaus, daß die Entwicklungen einzelner Kinder sich stark unterscheiden und in hohem Maße von den Anregungen abhängen, die das Kind erfährt. Während GÜNTHER (1986) es fast als zwingend ansieht, daß die ersten Etappen des Lesens und Schreiben logographisch sind, werden bei SCHEERER-NEUMANN u. a. (1986) Kinder vorgestellt, bei denen die logographische Zugriffsweise gar nicht oder nur in sehr geringem Maße ausgeprägt war: „Wenn Andrea lesen wollte, haben wir sie zuerst aufgefordert, „Probier mal selbst" und ein Wort erst dann vorgelesen, wenn sie selbst nicht weiterkam. Auch beim Schreiben haben wir sie aufgefordert, „Schreibe auf, welche Laute du in dem Wort hörst" (S.58). Dem Kind wurde also von Anfang an ein alphabetischer Weg gewiesen und es überrascht daher nicht, daß es gar nicht erst zum logographischen Schreiben kam.

In verschiedenen Veröffentlichungen wird auch das automatisierte Lesen, das sich nach der alphabetischen Phase einstellt, als logographische (logographemische) Strategie bezeichnet, mit der Begründung, daß die Decodierung nicht mehr durch das Identifizieren von Einzelgraphemen, sondern größerer Einheiten erfolgt. Diese Bezeichnung ist sicher irreführend, denn es ist ein erheblicher Unterschied, ob ein Kind logographisch operiert, weil es noch nicht anders lesen kann, oder ob es auf die alphabetische Strategie verzichtet, weil es inzwischen über eine überlegenere verfügt.

FRITH (1985) und GÜNTHER (1986, 1987) vertreten die Auffassung, daß bei den verschiedenen Etappen des Schriftspracherwerbs einmal die Schrift, ein anderes Mal das Lesen die Führung übernimmt. Uns scheint diese Frage noch nicht endgültig geklärt, weshalb wir auf den Aspekt hier nicht eingehen. Fest steht jedoch eines: die meisten Kinder machen schon sehr früh und sehr ausgedehnt Schreibversuche; viele haben ein weitaus größeres Interesse, Buchstaben oder Wörter zu produzieren als zu lesen. Sogar was sie selbst geschrieben haben, wollen oder können sie nicht lesen. Man kann den Eindruck gewinnen, als seien die Kinder bemüht, durch das Schreiben eine einmal erworbene Anfangskompetenz zu sichern und zu festigen, bevor sie zur nächsten Etappe übergehen. Die Bevorzugung des Schreibens mag jedoch auch damit zu tun haben, daß, wie CHOMSKY (1976) betont, das Kind eine aktive Rolle im Prozeß des Schrifterwerbs übernehmen kann. Ohne Anleitung eines Erwachsenen kann es Wörter kopieren, Buchstaben aus dem Gedächtnis reproduzieren, zwischen Schrift und schmückenden Zeichnungen hin und her wandern, mit Kritzelbriefen so tun als ob es schreibt. Soll das Kind dagegen lesen, was andere aufgeschrieben haben, ist es weitaus stärker fremdbestimmt. Wie später zu zeigen sein wird, hat das Schreiben auch bei der Alphabetisierung eine wichtige Funktion. Zum einen dient es dem übenden Verfestigen. Zum anderen macht es linguistische und orthographische Strukturen der Schrift weitaus besser bewußt als die flüchtige Kontaktaufnahme mit einem Wort beim Lesen.

3.4 Illiterale Jugendliche – auf der Stufe der Skelettschreibung stehengeblieben?

Die Aneignung des alphabetischen Prinzips ist unumgänglich bei der Entwicklung der Literalität. Bemerkenswert ist, daß die Annäherungen an das alphabetische Prinzip des Schreibens strukturelle Ähnlichkeiten mit den Schreibleistungen sog. Rechtschreibversager haben. Die folgende Tabelle zeigt die Schreibleistungen verschiedener Schreiber:

Spalte 1	Spalte 2	Spalte 3
L monAT (Limonade)	Ose (Hose)	Wäide (Wände)
arME (Arme)	Leler (Leiter)	Leder (Länder)
LarMB (Lampe)	Schre (Schere)	kascht (klatscht)
fontaPA (wunderbar)	Mot (Mund)	trink (trinkt)
	Rem (Regen)	
MAMILAT	Hont (Hund)	Wende
ARME	Psm (Besen)	leman
LAMPE	Anp (Gabel)	glas
WONDAPA	Raop (Raupe)	Fieg
	Aas (Haus)	
li oa	Anel (Kamel)	Wäde
am	Mate (Nadel)	Läder
lam	Sclaoe(Schaufel)	lase
foaa	Lpe (Lupe)	trinken

Die Schriftprodukte der ersten Spalte stammen (aus DEHN, 1988) von drei Kindern und sind in der 14.–25. Woche des ersten Schuljahres entstanden. In der zweiten Spalte ist das Testergebnis eines Grundschulkindes am Ende des ersten Schuljahres abgebildet (aus DUMMER u. BRÜGGELMANN, 1987). Dieses Kind erhält – gemessen an den Leistungen seiner Mitschüler – wegen deutlicher Rückstände Lese-Rechtschreib-Förderung. Die Schulanfänger sind noch deutlich unsicher im Gebrauch von Groß- und Kleinbuchstaben. Sie schreiben entweder nur groß oder nur klein oder placieren Großbuchstaben, wo es nicht sein darf. Für unsere weitere Betrachtung können wir diesen Sachverhalt außer acht lassen. Wenn wir dann die beiden Spalten 1 und 2 betrachten fallen folgende Fehlerarten auf:
1. Skelettschreibungen: L monat, li oa, lam, foaa, Schre, Psm; die Schreibung ist an der Lautstruktur orientiert, doch gelingt den Kindern die Wortdurchgliederung in

den Fällen nicht ganz. Weniger auffällige Sprechlaute werden nicht wahrgenommen, mit dem Ergebnis, daß die geschriebenen Wörter unvollständig sind. Zum Teil finden wir in den gleichen Wörtern auch Substitutionen. An die Stelle des korrekten Buchstabens wird ein anderer gesetzt (Psm, Rem), wobei aus den Fehlerprotokollen allein meist nicht immer ersichtlich wird, ob dies auf eine Unsicherheit bei der Lautunterscheidung zurückzuführen ist oder das Kind den Buchstaben nicht kennt.

2. Phonetische Schreibungen: fontapa, wondapa, Hont, Raop; das Kind schreibt, wie es spricht, u. U. spiegelt die Schreibung auch eine mundartliche Färbung. Beide Fehlerarten markieren unterschiedliche Niveaus der Schriftsprachkompetenz: nach unserem im vorigen Abschnitt dargestellten Schema die Phasen II und III, Anfänge alphabetischen Schreibens bzw. konsequente alphabetische Strategie.

Während die beschriebenen Fehlerarten bei Grundschulkindern im ersten Halbjahr als der Normalfall der Lese- und Schreibentwicklung angesehen werden, ist wissenschaftlich umstritten, wie die gleichen Fehler am Ende des 1. Schuljahres oder noch später zu deuten sind. Die kontroversen Standpunkte sind in einer Veröffentlichung von DUMMER und BRÜGELMANN (1987) nachzulesen, der auch die Schreibungen der Spalte 2 entnommen sind. DUMMER, z. Zt. Vorsitzende des Bundesverbands „Legasthenie" e.V., interpretiert es als eine Entwicklungsanomalie, wenn ein Kind am Ende des ersten Schuljahres alle 24 Prüfwörter der gegebenen Schwierigkeitsstufe falsch schreibt, mit „bis zu vier Verstößen im Wort". Das „Zustandsbild am Ende der ersten Klasse liegt auf dem Niveau der 1 % schwächsten Leser/Schreiber unter altersgleichen Mädchen". Mit KOSSOW (1976) sieht sie die Ursachen vor allem in frühkindlicher Hirnschädigung und Vererbung. BRÜGELMANN räumt ein, daß das Kind mit seinen Leistungen weit hinter dem Altersdurchschnitt zurückliegt. Er erkennt in den Schreibungen jedoch definitive Annäherungen an das alphabetische Prinzip und sieht das Problem des Kindes in erster Linie darin, daß es diese Leistungen *später* als andere erreicht − also zum falschen Zeitpunkt „normal" ist. „Was bei „erfolgreichen Schülern" zum Zeitpunkt X als produktive Vorstufe gilt, kann bei ihren langsamen Mitschülern (ohne zusätzliche Information über konkrete Behinderungen) nicht zum individuellen Defizit erklärt werden".

Wie schon den früheren Ausführungen zu entnehmen ist, neigen wir eher der BRÜGELMANNschen Position zu. Das schließt nicht aus, daß wir langsam lernende Kinder auch dann in ihrer schulischen Entwicklung für gefährdet halten, wenn keine organischen und kognitiven Defekte bei einem Kind vorhanden sind:
− Allein die verbreitete *Deutung* eines Rückstandes im Vergleich zur Altersgruppe als Defekt kann ein Kind in seiner Entwicklung behindern, wenn damit eine Verringerung der pädagogischen Bemühungen einhergeht;
− der Gleichtakt des Lernens führt spätestens am Ende des ersten Schuljahres zu Überforderungen;
− die vermeintliche „Langsamkeit der Kinder" ist häufig die Folge von Bedingungen, die auch während der Schulzeit weiterwirken; etwa die Folge fehlender häuslicher Unterstützung und weiterhin fehlender literaler Angebote.

Auch ein Rückstand, der auf fehlende Erfahrung zurückgeht, bedarf besonderer Beachtung und Förderung. Individualisierung des Lerntempos und der Lernziele könnte für diese Kinder eine Erleichterung bedeuten, weil damit „Rückstand" nicht automatisch mit „Versagen" gleichgesetzt würde. Darüber hinaus könnte den Kindern geholfen werden, wenn die Schule den Kindern bewußt die literalen Erfahrungen vermittelt, die andere Kinder im Elternhaus sammeln können.

Die Schreibungen in Spalte 3 stammen von Jugendlichen, die an unseren Förderkursen teilgenommen haben. Wir finden auch bei ihnen Skelettschreibungen und phonetische Schreibungen. Von den Schriftprodukten der Anfänger unterscheiden sie sich durch eine größere Zahl von Substitutionen („Leman" statt „Länder", „Fieg" statt „trinken") sowie durch die Verwendung orthographischer Elemente, etwa mehrgliedriger Grapheme. Die Substitutionen deuten darauf hin, daß sie gesprochene Sprache so weit analysieren können, um zu wissen, daß an der einen oder anderen Stelle ein Graphem gesetzt werden muß. Ihre Kompetenzen reichen jedoch nicht aus, um automatisch die richtigen Grapheme zu finden. Die Verwendung orthographischer Elemente deutet darauf hin, daß die Lernenden Bruchstücke späterer Unterrichtsangebote aufgenommen haben, weil die vorangegangenen Prozesse jedoch nicht abgeschlossen waren, können sie dieses Wissen nicht sinnvoll in ihre Lese- und Schreibhandlungen integrieren. Die teilweise Verwendung orthographischer Strukturen kann nicht darüber hinwegtäuschen, daß Illiterale mit besonders geringen Kompetenzen nicht über die Phasen II und III der Schriftentwicklung hinausgekommen sind.

Außenstehende Beobachter könnten versucht sein zu glauben, die kognitiven Fähigkeiten der Betroffenen müßten sehr gering sein, wenn sie in 10 Schuljahren nicht mehr von der Schrift verstanden haben. Aber vermutlich war in den 10 Schuljahren nur ein Bruchteil der Angebote wirklich der Lernausgangslage der Schüler angepaßt, die übrige Zeit waren sie mit überhöhten Forderungen konfrontiert, also hilflos. Zudem ist die Frage, ob die Schüler methodisch richtige Angebote erhielten: Daß man um lesen und schreiben zu können Buchstaben kennen muß, ist evident. Die gedankliche Leistung, die Kinder zu erbringen haben, wenn sie beim Lesen einzeln erzeugte Phoneme zu einem Wortklang verschmelzen, wenn sie beim Schreiben Wörter lautieren, wird häufig unterschätzt. Während die Notwendigkeit, Buchstaben zu lernen, als unverzichtbar beim Lesenlernen gilt, trifft man häufig auf die Auffassung, daß man ja „hört", aus welchen Lauten ein Wort „besteht". Dementsprechend finden sich auch in vielen Lehrgängen Anweisungen wie „Sprich dir das Wort langsam vor und hör genau hin, was du am Ende hörst". Für Kinder mit geringen literalen Vorerfahrungen kann das ein folgenreiches Mißverständnis sein. Die gesprochene Sprache enthält zwar wahrnehmbare akustische Variationen. Geübte Leser sind der festen Überzeugung, daß diese Unterschiede mit den Phonemen identisch seien, die den Graphemen der geschriebenen Sprache zugeordnet sind. Aber vieles von dem, was geübte Leser zu hören glauben, findet in Sonogrammen − graphischen Aufzeichnungen gesprochener Sprache − oder in Tonbandexperimenten keine Entsprechung. Weder lassen sich alle Einzellaute in den Sonogrammen hinreichend voneinander abgrenzen, noch klingen Lautfrag-

mente, wenn man sie akustisch isoliert, wie ein einzeln erzeugtes Phonem. „Blau"
klingt, in einzelne Phone zergliedert, nicht wie „b", „l" und „au". Manche Laute
(z. B. kurze Vokale, sind in der Klangstruktur eines Wortes gar nicht aufzufinden
(vgl. hierzu GÜMBEL; 1980, JUNG, 1981). Die Aufteilung von Wörtern in Phoneme ist folglich ein Ergebnis gedanklicher Abstraktionen, die jede Sprachgemein-
schaft anders vereinbart. Solche Vereinbarungen können sich Kinder nicht durch
bloße Wahrnehmung aneignen. Sie müssen ihnen vermittelt werden. Mit der For-
derung „Hör genau hin" werden dem Kind jedoch keine neuen Einsichten vermittelt. Für Kinder mit literalen Vorerfahrungen mag das „Abhorchen" von Wörtern
eine Verfestigungsübung sein. Kinder, die erst am Anfang ihrer Leseentwicklung
stehen, kommen bei solchen Angeboten (eigentlich sind es ja nur Forderungen) keinen Schritt weiter.

4. Was man über „Lernen" und Lernstörungen wissen sollte

Menschen treten durch „Tätigkeiten" mit ihrer Umwelt in Beziehung. Tätigkeit ist dabei ein zweiseitiger, gerichteter Prozeß:

- *durch Tätigkeiten greifen Menschen in die Umwelt ein, formen Gegenstände, verändern sie, belegen sie mit Funktionen und Bedeutungen, daher wird die auf die Außenwelt gerichtete Komponente der Tätigkeit als „Vergegenständlichung" bezeichnet.*

- *gleichzeitig mit den außengerichteten Tätigkeiten formen sich im Bewußtsein Abbilder von den Dingen, von ihrer Beschaffenheit und ihrer Funktion, von den Beziehungen der Dinge untereinander. Die tätige Person baut für sich Wissen und Verständnis von der Umwelt auf. Diese Komponente der Tätigkeit wird als „Aneignung" bezeichnet.*

Lernen als „Aneignung" – dieses Verständnis wurde von der materialistischen Psychologie geprägt (vgl. LEONT'EV, 1977). Menschen sind nach diesem Verständnis in der Lage, spontan und aktiv zu handeln und dadurch (Lern-)Erfahrungen zu sammeln – im Gegensatz etwa zu behavioristischen Theorien, die Lernen mehr im Sinne von „Reagieren" beschrieben haben. Allerdings wurde auch in der westlichen Psychologie eine „kognitive Wende" (AEBLI, 1973) vollzogen, etwa mit der Arbeit „Plans and the Structure of Behavior" von MILLER, GALANTER und PRIBRAM (1960, dt. Erstveröffentlichung 1973); Bestandteile der Aneignungstheorie wurden inzwischen auch von den Erben der behavioristischen Tradition adaptiert. Diese Ansätze firmieren als „kognitive Verhaltenstheorie" (vgl. MAHONEY, 1977; MEICHENBAUM, 1979; LAUTH, 1983).

Kognitive wie materialistische Theorie sehen den Menschen als Subjekt seines Handelns, als Person und Persönlichkeit, welche durch Handeln und Denken die Welt in ihrem Bewußtsein neu entstehen läßt: „Die Aneignung der Erfahrungen, Denk- und Verhaltensweisen der Menschen durch das Kind kann nicht als Akt passiver Übernahme verstanden werden! Das Kind muß außerordentlich aktiv sein und große Anstrengungen vollbringen, um sich die gesellschaftlich bereits vorhandenen menschlichen Eigenschaften auszubilden ... Es ist deshalb völlig berechtigt, den Prozeß der Aneignung und Reproduktion der in der Gesellschaft entwickelten Erfahrungen, Denk- und Verhaltensweisen als produktive, schöpferische Tätigkeit des Kindes zu bezeichnen. Was objektiv in der Gesellschaft bereits vorhanden ist, entsteht durch die aktive Tätigkeit des Kindes mit den Objekten und Erscheinungen der Umwelt ... im Kinde neu!" Was LOMPSCHER (1972, S.16) hier für die Lerntätigkeit von Kindern formuliert, gilt im Prinzip für das Lernen auf allen Altersstufen.

Wie MILLER u. a. (1973) andeuten und SCHNEEWIND (1979) ausformuliert, eignen sich Menschen durch Tätigkeit drei Klassen von Abbildern an:
- ein „*inneres Umweltmodell*", d. h. Vorstellungen von den Ereignissen, mit de-

nen die Person mittelbar oder unmittelbar in Berührung gekommen ist;
- ein *„inneres Selbstmodell“*, d. h. Vorstellungen von den eigenen Stärken und Schwächen, den Zielen oder der eigenen Position in der (sozialen) Umwelt und
- ein *„inneres Beziehungsmodell“*, bestehend aus den „handlungs- und erlebnismäßigen Beziehungserfahrungen“, wozu auch Abbilder von Handlungsstrategien gehören, mit denen auftauchende oder selbstgewählte Ziele erreicht, bzw. bestehende Anforderungen bewältigt werden können.

Tätigkeitstheorie und kognitive Theorie gehen davon aus, daß Menschen in der Lage sind, *planvoll* zu operieren: sich Ziele zu setzen, Strategien zu entwerfen, um diese Ziele zu erreichen und die Effektivität des eigenen Handelns kritisch einzuschätzen. Eine tätige und planvoll handelnde Person wird ihr strategisches Wissen und ihr Wissen um die Umwelt stetig vergrößern und zugleich ihr Selbstbild festigen, d. h. Selbstsicherheit gewinnen und Gewißheit darüber, was sie zu leisten in der Lage ist. Untätigkeit und planloses Operieren mindern dagegen die Chancen, realistische geistige Abbilder zu gewinnen. Es kommt zu einem Teufelskreis der Inkompetenz, bei dem Unwissenheit, Planlosigkeit und Unsicherheit sich wechselseitig bedingen. Wir wollen im folgenden die Prozesse etwas detaillierter darstellen und zeigen, wie man derartig lernhemmenden Entwicklungen gegensteuern kann.

4.1 Kognitive Komponenten des Lernens

Zielfindung, Planung, Orientierung, Verlaufs- und Ergebniskontrolle (eine besondere Form der Orientierung) und die Bewertung des Ergebnisses sind die Denk- und Wahrnehmungsanteile der Tätigkeit, die kognitiven Komponenten. Ungünstige Lernbedingungen können dazu führen, daß ein Lernender sich einen kognitiven Stil aneignet, der ihn am erfolgreichen Abschluß von Tätigkeiten hindert – und mithin auch daran, Lernerfolge zu erzielen. Wobei der kognitive Stil seinerseits wesentlich davon abhängt, ob ein Lernender im Vergleich zu seiner Altersgruppe über ein umfangreiches Repertoire an Wissen und Kompetenzen verfügt oder nicht.

Jugendliche mit einem umfangreichen Umweltwissen tun sich schon bei der Zielfindung leichter: Sie wissen um ihre Möglichkeiten bzw. um die Schwierigkeiten im Ausbildungssektor; sie können ihre Chancen abwägen und sich für eine bestimmte Ausbildung entscheiden; sie können die Schulzeit nutzen, um die benötigten Qualifikationen, zumindest aber die Zensuren zu erwerben. Jugendliche, die kein geistiges Wissen erworben haben, das über den Nahbereich ihrer Lebenswirklichkeit hinausreicht, steuern ziellos auf das Ende ihrer Schulzeit zu; die Möglichkeiten, die sie haben, sind ihnen alle gleich wichtig oder unwichtig; ohne Perspektive haben sie aber auch keine Veranlassung, ihre schulische Lerntätigkeit zu planen und zu strukturieren. Infolgedessen werden sie verplant. Genau das aber wollen sie nicht, denn so viel Selbstwertgefühl besitzen sie doch, daß sie sich nicht willenlos fremdbestimmen lassen. Die Folgen spüren diejenigen, die mit diesen Jugendlichen arbeiten: solange sie selbst keine Perspektive, keinen Sinn in der Tätigkeit sehen, leisten sie aktiven und passiven Widerstand gegen die Situation, die sie so nicht gewollt haben.

Von allen Störungen des Lernens sind besonders gründlich die des Orientierungshandelns beim Lernen erforscht. Sie werden auch mit dem Begriff „Kognitive Impulsivität" umschrieben (WAGNER, 1975; ZIELINSKI, 1980). Der Begriff ist nicht zu verwechseln mit der Persönlichkeitseigenschaft „Impulsivität", die durchaus positiv bewertet werden kann. Vielmehr ist ein unzweckmäßiger Lernstil gemeint:

- Die Lernenden orientieren sich nicht oder nur oberflächlich auf die Aufgabe.
- Sie lassen lösungsrelevante Details unbeachtet.
- Sie arbeiten überhastet, etwa indem sie beginnen, bevor sie die Arbeitsanweisung zuende gehört oder gelesen haben.
- Sie denken vor einem Lösungsversuch kaum nach.
- Sie bemühen sich nicht darum, Zwischenergebnisse zu speichern.
- Sie setzen sich kaum mit den Ergebnissen ihrer Arbeit auseinander, führen keine Fehlerkontrolle durch oder brechen ab, auch dann, wenn die Lösung offensichtlich falsch ist.

Interessante Ergebnisse haben Untersuchungen mit einer Augenkamera gebracht. Man ließ überhastet und bedächtig arbeitende Kinder Testaufgaben bearbeiten. Unter sechs ähnlichen und nur durch Details unterschiedene Bilder sollten die Kinder dasjenige herausfinden, das mit dem Bild auf einer Vorlage identisch war. Mit der Augenkamera hat man die Blickbewegungen der Kinder aufgezeichnet. Kognitiv impulsive Kinder verwendeten für die Aufgabenlösung wesentlich weniger Blickbewegungen, sie inspizierten nicht einmal alle Vorlagen. Weil sie mehr rieten als verglichen, waren ihre Antworten meistens falsch.

Bei den Lernstrategien − bei den zweckmäßigen wie den unzweckmäßigen − handelt es sich um gelerntes und erlernbares Verhalten. Das bedeutet, daß Korrekturen möglich sind. Und zwar teilweise mit überraschendem Erfolg. So konnten Kinder, die trainiert wurden, Memorierungsstrategien einzusetzen (z. B. Gesehenes laut wiederholen, Gruppierungen vornehmen), deutliche Lerngewinne erzielen (ZIELINSKI,1980, S.63f). Vermutlich steht auch der überhastete , impulsive Arbeitsstil in einer Wechselwirkung mit eingeschränkter Kompetenz, wobei es schwierig ist, zwischen Ursache und Wirkung zu unterscheiden:

- Lernende, die unsicher sind, ob sie den Anforderungen genügen können, geraten häufig in derartige Erregung, daß sie „situationsblind" reagieren und gar nicht mehr erfassen können, was von ihnen verlangt wird.
- Andere wissen um die Unzulänglichkeit ihrer Strategie, behalten sie jedoch bei, weil sie keine andere kennen. Situationsanalyse, inneres Probehandeln nehmen ab, wie DÖRNER (1983) beschreibt, im Zustand geringer Kompetenz.

Ein sehr typisches Beispiel für impulsives Handeln ist das Ratelesen, das bei jüngeren wie älteren unsicheren Lesern zu beobachten ist: Die Vorlage heißt „Fenster", aber gelesen wird „Feder", „Feuer", „Fest" oder was auch immer. Der Leser identifiziert einen oder zwei Anfangsgrapheme, vielleicht auch ein Endgraphem, und ohne das Wort ganz zu durchgliedern, versucht er, das Wort zu raten. Entstanden sein mag diese Lesestrategie zu einer Zeit, als die anderen Schüler die Übungstexte schon flüssig lesen konnten. Um auch zu einem Leseerfolg zu kommen, wurde die Notfallstrategie des Ratens eingesetzt; anfangs, als das Repertoire der Übungswörter noch klein war und die Wiederholungen zahlreich, vielleicht sogar mit relativem Erfolg. Langfristig bewirkt das impulsive Arbeiten jedoch, daß die Schüler auf dem bis dahin erreichten Lernniveau stehenbleiben. Namentlich bei komplexen Lerngegenständen schneiden sie sich praktisch vom weiteren Lernen ab.

Lernende, die nicht planvoll operieren, haben keine große Motivation, ihre Lernergebnisse zu kontrollieren, weil sie das Ergebnis schon ahnen. Aber selbst wenn sie wollten – sie könnten es oft gar nicht. Ohne ein inneres Abbild, wie die Tätigkeit und das Ergebnis aussehen *sollten,* ist es schlechterdings unmöglich zu entscheiden, ob das Arbeitsergebnis richtig oder falsch ist. Es sei denn, daß dem Lernenden Vorlagen an die Hand gegeben werden, mit denen er vergleichen kann.

Was bedeuten diese Ausführungen für die Arbeit mit Menschen, die über lange Zeit negative Lernerfahrungen gesammelt haben? Mehr als bei anderen ist es notwendig, nicht nur den Lerngegenstand im Sinn zu haben, sondern die Aneignungsstrategien der Lernenden zu beachten, nämlich,
– welche Ziele sie haben und inwieweit z. B. Lesen und Schreiben als Möglichkeiten vermittelt werden können, um das Erreichen dieser Ziele zu erleichtern. Sehr wahrscheinlich müssen parallel zur Lese- und Schreibförderung mit den Jugendlichen die Nah- und Fernziele ihrer Existenz herausgearbeitet werden.
– welchen Aneignungsstil sie realisieren; wenn sie unzweckmäßige Notfallstrategien perseverieren, könnte es notwendig sein, das Orientierungs- und das Kontrollhandeln zu schulen.
All dies setzt voraus, daß die Lernenden sich überhaupt in eine Lernsituation begeben, darin verweilen und Bereitschaft zeigen, mit der Kursleiterin oder der Lehrerin in eine Interaktion einzutreten. Dies ist bei Jugendlichen, die bereits über relativ große Unabhängigkeit und Durchsetzungsstrategien verfügen, keineswegs selbstverständlich. Lernen ist nicht nur ein kognitiver Prozeß. Es steht in enger Wechselwirkung mit Gefühlen und Interessen.

4.2 Emotionale und motivationale Komponenten des Lernens

Menschen müssen nicht grundsätzlich zu Tätigkeiten und damit zum Lernen provoziert werden. Sie haben (vgl. HOLZKAMP-OSTERKAMP, 1975) eine angeborene „Neugier", d. h. das Bedürfnis, Informationen über die Dinge des eigenen Lebenskreises zu sammeln, unbekannte Situationen aufzusuchen oder auf Gegenstände einzuwirken, um deren Beschaffenheit zu erfahren. Derartige Tätigkeiten wirken prinzipiell erfahrungserweiternd. Diese Erfahrungen ermöglichen es einer Person, in ihrer Umwelt zunehmend erfolgreicher zu operieren, immer selbständiger zu werden oder, wie DÖRNER (1983, S. 62) formuliert, „das Ausmaß an Kontrolle über ihre Umgebung zu erhöhen".

Das Neugierverhalten von Menschen ist nicht ungebremst. Das Aufsuchen von neuen, unbekannten Situationen geht immer einher mit einem Zustand erhöhter Wachsamkeit und einem Gefühl von Beunruhigung und Spannung. Unbekannte Situationen könnten ja Gefahren enthalten. Die erhöhte Anspannung steigert die Bereitschaft zu einer Flucht oder Bewältigungsreaktion. Spannung und Beunruhigung nehmen zu, wenn der Grad an Unbekanntheit zunimmt − bis zu Zuständen von Furcht oder Angst; wird die Spannung unerträglich, kann sie Anlaß für einen Rückzug aus der Situation sein. Angst ist damit eine biologisch sinnvolle Reaktion, die verhindern soll, daß eine Person in eine unkontrollierbare Situation gerät. Angst erlebt z. B. der Bergsteiger, wenn er keine Route für den weiteren Aufstieg findet. Wenn er dann umkehrt, kann die Angst lebensrettend sein (vgl. HOLTZ und KRETSCHMANN, 1982). Erlebte Angst kann darüber hinaus dazu führen, ähnliche Gefahrensituationen in Zukunft zu meiden.

DÖRNER sieht das Bedürfnis nach Umweltkontrolle und das Bedürfnis nach „Unbestimmtem"(Neugier) in einem stetigen Wechsel begriffen. Nach einer Periode der Auseinandersetzung mit neuen Informationen und Situationen läßt dieses Bedürfnis nach und die Person strebt nach Sicherheit und Stabilisierung. Nach einer informations- und sensationsarmen Periode steigt das Bedürfnis nach Neuem, das Verlangen, tätig und handelnd auf die Umwelt zuzugehen, „− es sucht Unbestimmtheit − in homöopathischen Dosen". „Der Wechsel ... läßt dem Lebewesen keine Ruhe; es bleibt ständig damit beschäftigt, Unbestimmtheit zu suchen, um diese wiederum zu vermeiden" (S.64).

Wenn das Bedürfnis, tätig zu sein, Menschen angeboren ist − warum verwendet die Pädagogik dann so viel Schweiß für Fragen der Motivation und Motivierung? Neugier und Kontrollbedürfnis aktivieren das Handeln, sind jedoch selbst nicht zielgerichtet. Von allen im Augenblick möglichen Tätigkeiten werden die gewählt, die
1. ein Maximum an Handlungserfolg (Befriedigung) versprechen und
2. von denen die handelnde Person sich zutraut, sie auch ausführen zu können (vgl. BANDURA, 1977).

Ein pädagogisches Angebot ist für ein Kind, für einen Jugendlichen nur eine unter vielen möglichen Tätigkeiten. Was eine Lehrerin oder ein Lehrer immer wieder aufs neue erreichen muß ist, daß

– die Lernenden die angebotenen Tätigkeiten als erstrebenswert akzeptieren, für die es sich lohnt, andere Ziele zurückzustellen und

– dem Kind oder Jugendlichen die Gewißheit geben, daß er oder sie die Aufgaben auch bewältigen kann.

Dies sind die beiden Tätigkeiten, die gemeinhin als „Motivierung" bezeichnet werden.

Bei einer selbstgewählten Tätigkeit befriedigt eine Person ihr Bedürfnis nach Umweltkontrolle. Lernangebote, die an eine Person von außen herangetragen werden, kollidieren mit diesem Bedürfnis, sind fürs erste ein Akt der Fremdbestimmung. Dies ist für die Pädagogik ein Dilemma. Viele Inhalte können Lernenden nur durch andere vermittelt werden. Allerdings kümmern sich Erwachsene um das Selbständigkeitsbedürfnis von Kindern oft nur wenig. Widerstände werden nicht selten durch Druck, Disziplinierung oder vage Versprechungen gebrochen. Erwachsene oder Jugendliche sind durch derartige Sanktionen kaum zu beeindrucken. Daher lebt die Alphabetisierung davon, Lernende unmittelbar den Gebrauchswert der Schrift erfahren zu lassen und – zumindest in der Anfangsphase – Lernsituationen zu arrangieren, die rasche Erfolgserlebnisse garantieren. Nicht weniger wichtig ist es, angstfreie Lernbedingungen zu schaffen und Vorgehensweisen zu vermeiden, die negative Assoziationen an den erlebten schulischen Unterricht wachrufen könnten.

4.3 Lernen und Lernversagen als Transaktion

In der Pädagogik begegnet man häufig der Frage, ob Lernerfolge eher von äußeren Bedingungen, z. B. den Sozialisationserfahrungen und den schulischen Angeboten abhängen oder von den individuellen Fähigkeiten. Die kompromißlerische Formel „von beidem" ist ebenso richtig wie nichtssagend, weil sie nicht erklärt, wie individuelle Eigenschaften und äußere Bedingungen zusammenwirken. Genau dies aber leistet der transaktionale Ansatz. Transaktion meint, daß jede Tätigkeit einen Doppelcharakter hat: Zum einen setzt sich eine Person, wenn sie tätig ist, mit der vorhandenen Wirklichkeit auseinander, wobei es in hohem Maße von der individuellen Lerngeschichte abhängt, wie jemand diese Wirklichkeit wahrnimmt bzw. wie gut es der Person gelingt, die an sie gerichteten Anforderungen zu bewältigen; zum anderen kann es geschehen, daß sie mit ihren Handlungen die Wirklichkeit verändert.

Das *Prinzip der Transaktion* mag folgendes Beispiel verdeutlichen: Ein Auszubildender erhält den Auftrag, das Materiallager seines Betriebs aufzuräumen und zu inventarisieren. Dies gibt ihm wenig Chancen, sich die Qualifikationen anzueignen, die er während der Ausbildung erlernen will und soll. Der Auftrag ist jedoch eine Realität, mit der er sich auseinanderzusetzen hat. Ist er kleinlaut, wird er diese Behandlung tatenlos über sich ergehen lassen. Ermangelt es ihm nicht an dem nötigen Selbstbewußtsein, wird er sich beschweren. In beiden Fällen beeinflußt er durch sein Tun (also auch durch seine Untätigkeit) die ihn umgebende Wirklichkeit. Eine Beschwerde kann bewirken, daß die unwürdige Behandlung abgestellt wird – aber möglicherweise auch, daß er sich einen Dauerkonflikt einhandelt. Wehrt er sich nicht, nährt er bei seinen Mitarbeitern die Vorstellung „Mit dem kann man ja alles machen" und steigert die Wahrscheinlichkeit, daß ihm derartige Arbeiten häufiger aufgetragen werden.

Auch Prozesse des Lesenlernens und der Entwicklung zur Illiteralität lassen sich transaktional beschreiben. Wir wählen dazu drei fiktive Beispiele, weil sich die wirklichen Entwicklungsverläufe häufig nicht rekonstruieren lassen.

Ein weiteres Beispiel: Bianca ist in einem literalen Elternhaus aufgewachsen, ihre Eltern haben ihr oft aus Kinderbüchern vorgelesen. Sie besitzt selbst Bücher. Interessenbekundungen Biancas für die Schrift wurden von den Eltern verstärkt. Die Folge ist, daß Bianca folgende Abbilder aufgebaut hat:
– Wissen und Kenntnisse um einige Prinzipien und Merkmale der Schrift (Umweltwissen);
– Wissen, daß sie schon etwas lesen kann, sowie Zuversicht und Neugier, noch mehr zu lernen (Wissen um die eigenen Möglichkeiten, Selbstwertgefühl);
– Wissen, daß und wie man noch mehr über die Schrift aus Büchern erfahren kann (Strategiewissen).
So ausgestattet kommt Bianca in die Schule. Die Anforderungen, die ihr dort zum Lesen und Schreiben gemacht werden, bewältigt sie recht schnell, so daß sie schon nach wenigen Schultagen die ersten Wörter lesen kann. Die Lehrerin lobt sie; die Eltern sind beeindruckt und auch Bianca ist stolz auf sich selbst. Im Zuge von Biancas Lernhandeln hat sie ihre soziale Umwelt verändert; Eltern und Lehrerin sind sich nun sicher, daß Bianca eine gute Leserin werden wird. Biancas geistige Abbilder von sich und vom Lesen haben sich geändert, man kann sich leicht ausmalen wie. Keine Frage, daß Bianca auch die nächsten Anforderungen mutig und kompetent angehen wird.

Das Beispiel „Ralf": Ralfs Ausgangssituation ist weniger günstig: Er hat zu Hause wenig Anregungen erfahren. Alles, was mit Schrift zu tun hat, ist bei Schuleintritt für ihn neu. Die gesamte Schulsituation ist ihm fremd, so daß er ängstlich und verschüchtert reagiert. In den ersten Unterrichtsstunden ist er in sich zurückgezogen und beteiligt sich am Unterricht überhaupt nicht. Es wäre nun leicht, sich eine melancholisch stimmende Fortsetzung dieses Szenarios vorzustellen, von einem Kind, das nicht lesen lernen will oder kann, das immer mutloser und schließlich in eine Sonderschule überwiesen wird. Sicher ist diese Fantasie nicht fernab jeglicher Realität. Wir wollen aber das deterministische Denkmuster verlassen und zeigen, daß die transaktionale Beschreibung des Lernprozesse vielleicht mit statistischen Wahrscheinlichkeiten, keineswegs aber mit automatischen Abläufen operiert. In unserem fiktiven Beispiel denken wir uns eine Lehrerin, die Ralfs Problem sehr rasch erkennt. Sie bedrängt ihn nicht, macht ihm aber Angebote, die er bewältigen kann, spricht ihm gut zu und lobt ihn. Ralf überwindet seine Scheu zwar nur langsam, aber nach einem halben Jahr ist er in die Klasse integriert. Er macht zwar geringere Fortschritte beim Lesenlernen als manch andere Kinder, erlebt aber (auch weil die Lehrerin ihm das immer wieder klarmacht), daß seine Anstrengungen nicht vergebens sind. Allmählich holt er seinen Rückstand zu seinen Mitschülern auf.

Die Vorgänge lassen sich, wie in der folgenden *Abb. 4.1*, auch schematisch darstellen. Wir haben, wie bei einem mittelalterlichen Altarbild, die Hauptperson, in dem Fall das Kind, besonders groß gezeichnet, um die Entwicklung seiner geistigen Abbilder veranschaulichen zu können. Natürlich haben auch die Eltern, die Lehrerin und die anderen Bezugspersonen Strukturen geistiger Abbilder, die man ausführlicher darstellen könnte; oder auch die Bestandteile der häuslichen (kulturellen) Umwelt könnten detaillierter beschrieben werden. Im Falle einer gestörten Eltern-Kind-Konstellation wäre es evtl. fruchtbar zu erhellen, wie die geistigen Abbilder der Eltern, ihre Erziehungshandlungen sowie Handeln und Bewußtsein des Kindes miteinander korrespondieren.

Das transaktionale Paradigma zeigt, daß die Ausgangsbedingungen in einem Lernprozeß wichtig sind, seien es die geistigen Abbilder und Handlungen des Kindes, seien es die pädagogischen Angebote der Lehrerin, seien es die Reaktionen der Eltern oder der Mitschüler auf Erfolge bzw. Mißerfolge. Durch die Interaktion zwischen den handelnden Personen entstehen aber immer wieder neue Konstellationen. Je länger ein pädagogischer Prozeß andauert, je mehr Situationen sich aneinanderreihen, desto geringer wird der Einfluß der Ausgangsvariablen, desto mehr werden die künftigen Prozesse von den *Ergebnissen* der Transaktion bestimmt. Mit Ergebnissen transaktionaler Prozesse haben wir es natürlich auch bei der Alphabetisierung Jugendlicher zu tun. In der *Abb. 4.2* ist dargestellt, welche Transaktionen der aktuellen Illiteralität vorangegangenen sein mögen.

Beispiel „Thomas": Ungünstige häusliche Bedingungen mögen dazu geführt haben, daß Thomas vor Schuleintritt weniger literale Vorkenntnisse aufgebaut hat als seine Mitschüler. Auch seine Fähigkeit, zielstrebig und planvoll zu arbeiten, mag geringer ausgebildet gewesen sein. Auf diese Ausgangsbedingungen aber wurde in der Schule keine Rücksicht genommen. Thomas war von Anfang an und später immer wieder überfordert. Kaum einmal, daß er die Aufgaben erfolgreich beenden konnte. Sein Umweltwissen erfuhr – zumindest in Bezug auf die Schrift – keine wesentliche Steigerung; gelitten hat sein Selbstbewußtsein und, auch sein Arbeitsstil wurde nicht wesentlich verbessert. Es ist nun an der Kursleiterin, dieser Tatsache Rechnung zu tragen und Angebote zu entwickeln, die trotz der negativen Lerngeschichte einen Lernfortschritt wahrscheinlich machen. Nach den bisherigen Ausführungen wissen wir, daß es nicht genügen wird, irgendwelche Angebote zum Lesen und Schreiben auf niedrigem Niveau zu machen. Sie müssen leicht zu bewältigen *und* motivierend sein; sie müssen geeignet sein, Thomas' Vertrauen in

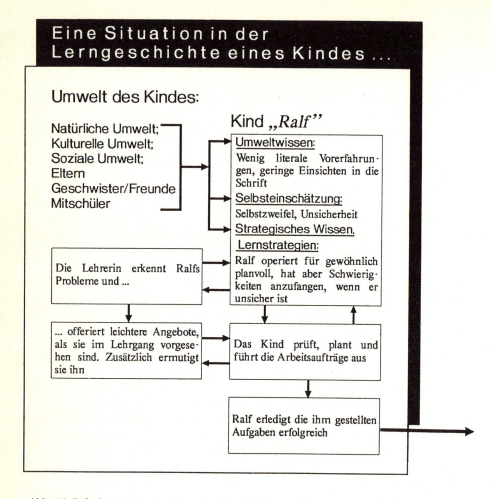

Abb. 4.1: Beispiel einer transaktionalen Entwicklung bei Passung der schulischen Angebote

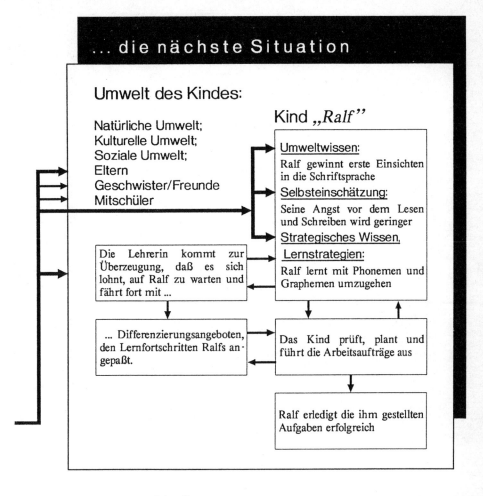

Abb. 4.1: Fortsetzung von Seite 62

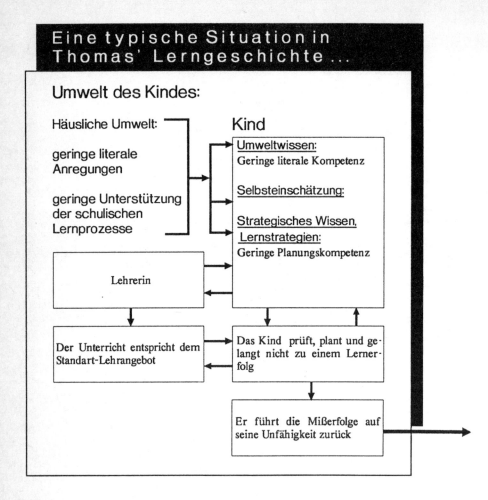

Abb. 4.2: Idealtypische Entwicklung einer Transaktion bei passenden Angeboten im Förderkurs

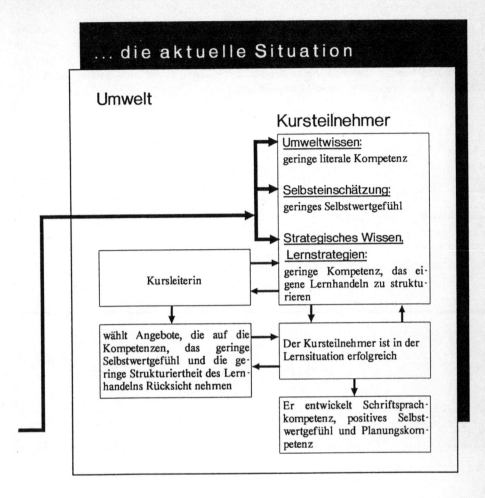

Umwelt

Kursteilnehmer

Umweltwissen:
geringe literale Kompetenz

Selbsteinschätzung:
geringes Selbstwertgefühl

Strategisches Wissen,
Lernstrategien:
geringe Kompetenz, das eigene Lernhandeln zu strukturieren

Kursleiterin

wählt Angebote, die auf die Kompetenzen, das geringe Selbstwertgefühl und die geringe Strukturiertheit des Lernhandelns Rücksicht nehmen

Der Kursteilnehmer ist in der Lernsituation erfolgreich

Er entwickelt Schriftsprachkompetenz, positives Selbstwertgefühl und Planungskompetenz

Abb. 4.2: Fortsetzung von Seite 64

sich selbst und seine eigene Leistungsfähigkeit zu steigern; vielleicht muß Thomas auch angeleitet werden, systematisch und planvoll zu arbeiten. Dabei ist nicht zu erwarten, daß Thomas' geistige Abbilder von sich und der Welt sich schlagartig wandeln werden. Es wird vieler Angebote bedürfen, bevor eine beobachtbare und für Thomas relevante Veränderung eintritt.

5. Förderung: Prinzipien und Methoden

Der transaktionale Ansatz zeigt, daß die Lernentwicklung von einer Vielzahl von Bedingungen abhängt. Je größer die Zahl der lernhemmenden (individuellen und außerindividuellen) Bedingungen, desto größer ist die Wahrscheinlichkeit einer Lernstörung. Förderung hat eine um so größere Erfolgschance, je mehr lernhemmende durch lernförderliche Bedingungen ersetzt werden, wobei es wichtig ist, daß eine hinreichend große Zahl förderlicher Angebote realisiert wird. Steht den Förderangeboten eine kaum veränderte Zahl hemmender Einflüsse gegenüber, besteht die Gefahr, daß die Förderwirkung „abgepuffert" wird − ein Effekt, der, wie VESTER (1984) beschreibt, aus der Systemforschung bekannt ist.

Das im vorigen Abschnitt dargestellte Schema kann uns als Suchraster für mögliche Interventionen dienen. Förderung kann darauf abzielen,
− Rahmenbedingungen für erfolgreiches Lernen zu schaffen und
− methodische Angebote in der Form größtmöglicher Passung zu realisieren, um dadurch
− die Person des Lernenden zu verändern − sein Umweltwissen, sein Selbstmodell, sein Handlungswissen.
Bei dieser Aufzählung ist vorausgesetzt, daß die handelnden Pädagogen über ausreichende Fachkompetenz verfügen, um diese Veränderungen herbeizuführen. Wenn nicht, müßte als Voraussetzung einer für den Schüler lernförderlichen Transaktion der Punkt „Qualifizierung der Lehrenden" hinzugefügt werden.

Bei einer transaktionalen Betrachtung der Lernentwicklung benachteiligter Schüler wird deutlich, daß sie − unwissentlich und ungewollt − zu gewissen Graden selbst zu einer Verschlechterung ihrer Lernbedingungen beitragen: wenn sie Lernsituationen vermeiden, wenn sie Lehrerinnen und Lehrer nicht durch Lernerfolge oder Mitarbeit für ihre Bemühungen verstärken. Eine Förderung sollte nach Möglichkeit die Lernenden in die Lage versetzen, Kontrolle über ihre Aneignungstätigkeit zu erlangen, zumindest die ungewollte Mitwirkung an der Verschlechterung der Lern- und Lebensbedingungen zu beenden.

5.1 Alphabetisierung als Persönlichkeitsförderung

Der Schriftspracherwerb ist in unserer Gesellschaft ein bedeutsamer Strang der Persönlichkeitsentwicklung. Er wird erschwert durch eingeschränktes Umweltwissen, unzulängliche Angeignungsstrategien und gestörtes Selbstwertgefühl − bis hin zu Zuständen erlernter Hilflosigkeit. Es wäre daher sinnlos, Alphabetisierung bei Jugendlichen als bloße Wissensvermittlung betreiben zu wollen. Es müssen vielmehr *alle* Persönlichkeitsmerkmale berücksichtigt und beeinflußt werden, die im Augenblick den Lernfortschritt behindern. Sofern dies gelingt, ist nicht nur eine Steigerung der *Schriftsprachkompetenz* zu erwarten, sondern ein Fortschritt der Persönlichkeitsentwicklung *insgesamt*, denn

– durch gebrauchsorientierte Lese- und Schreibangebote erhalten die Jugendlichen nicht nur Einsichten in die Schriftsprache. Sie erweitern ihr Umweltwissen auch in anderen Bereichen – auf Gebieten, die ihnen vielleicht wenig bekannt waren oder die sie aus Unsicherheit gemieden haben.
– Fortschritte beim Lesen- und Schreibenlernen steigern das Selbstwertgefühl, weil die Lernenden sich nicht länger als unfähig und minderwertig fühlen müssen. Lernfortschritte ermöglichen es ihnen, ihre individuelle Geschichte neu zu deuten, insbesondere ihre Probleme nicht länger nur als selbstverschuldet anzusehen. Dieses Selbstverständnis versetzt sie in die Lage, eine realistische persönliche Lebensplanung zu beginnen.
– Erfolgreiche Förderung ermöglicht es den Lernenden, mehr als bisher Ziele zu verfolgen, Tätigkeiten in Gang zu setzen und dadurch von sich aus den Erfahrungshorizont zu erweitern, etwa sich auch außerhalb der Förderstunden Informationen aus Büchern, Zeitschriften oder wie auch immer gearteten Quellen zu beschaffen.

Die beabsichtigten Veränderungen werden um so besser gelingen, je enger die Angebote mit den aktuellen Entwicklungsaufgaben der Lernenden verknüpft sind und die Teilnehmer erfahren, daß die Bearbeitung der *zurückliegenden* Aufgaben die Bewältigung der *augenblicklichen* Anforderungen erleichtert: Entwicklungsaufgaben, die Jugendliche am Ende ihrer Schulzeit bzw. nach dem Verlassen der allgemeinbildenden Schule zu bewältigen haben, sind:

– Vorbereitung auf die Zeit nach der Schule, Eintritt ins Erwerbsleben;
– Entwicklung einer Lebensperspektive, insbesondere auf beruflichem Gebiet;
– Sich Zurechtfinden in größeren Lebensräumen;
– Sich Einstellen auf die Normen und Verkehrsformen der Arbeitswelt;
– Umgehenkönnen mit eigenem Einkommen und möglicherweise finanziellen Verpflichtungen;
– Gestalten der Freizeit (und möglicherweise durch Arbeitslosigkeit erzwungener Freizeit);
– Partnerschaft und Sexualität;
– Loslösung von der Familie.

Alles dies sind Entwicklungsaufgaben, mit denen Jugendliche konfrontiert sind. Man könnte sich fragen, ob unsere Schulen genug tun, um Jugendliche auf die Bewältigung dieser Aufgaben vorzubereiten bzw. zu unterstützen. Sicher ist jedoch, daß Jugendliche mit Defiziten in der elementaren Bildung damit Probleme haben – mit der Folge beschränkter Lebensqualität in späteren Lebensabschnitten.

Wir machen diese Entwicklungsaufgaben immer wieder zu Themen der Förderpraxis, zu Inhalten des Lesens und Schreibens, wobei wir sowohl zurückliegende wie aktuelle Erfahrungen der Jugendlichen einbeziehen. Bedeutsam ist auch hier, die Teilnehmer den Gewinn, den sie durch die Beschäftigung mit ihren Entwicklungsaufgaben haben, konkret erfahren zu lassen. Vertröstungen auf eine ferne Zukunft (etwa „Wir setzen heute ein Bewerbungsschreiben auf – das könnt ihr später einmal gebrauchen") stoßen bei den Jugendlichen nur auf Unverständnis oder Ablehnung. Es genügt nicht, Teilnehmer über an sich richtige Strategien und Vorgehensweisen aufzuklären. Es kommt vielmehr darauf an, sie tätig bei ihrer aktuellen Lebensbewältigung zu unterstützen. Zu den Tätigkeiten eines Kursleiters kann es z. B. gehören, bei Konflikten am Arbeitsplatz und im privaten Umfeld zu vermitteln, mit den Jugendlichen berufliche oder Weiterqualifizierungsmöglichkeiten zu suchen oder sie zu Behörden oder Ämtern zu begleiten. Ein solches Vorgehen setzt die Bereitschaft des Kursleiters voraus, sich intensiv mit den vielfältigen Lebensproblemen der Teilnehmer zu beschäftigen und sich auch auf sie einzulassen. Nicht selten haben Kursleiter dabei Spannungen und Belastungen zu ertragen, wenn sie einerseits die Not der Jugendlichen erkennen, aber keineswegs immer Möglichkeiten finden, ihnen wirksam zu helfen.

5.2 Organisationsformen und Rahmenbedingungen

Die soziale und kulturelle Umwelt ist durch eine Vielzahl von Normen, Regeln, Gesetzen und Verpflichtungen vorstrukturiert. Diese Strukturen können Menschen in ihrer Entwicklung hemmen, ihnen aber auch Halt und Orientierung geben und ihnen bei der Ausbildung einer „inneren Struktur" hilfreich sein. Maßnahmen der Alphabetisierung scheinen ein gewisses Maß an Einbindung in äußere Strukturen vorauszusetzen. Bei erwachsenen Analphabeten sind es häufig die Bindungen an die Familie oder an den Beruf, welche die Betroffenen veranlassen, einen Alphabetisierungskurs aufzusuchen. Bei Jugendlichen könnten strukturierende äußere Bedingungen sein:
– eine (Schul-)Ausbildung, die zu einem Abschluß mit Tauschwert führt oder zumindest zu einer befriedigenden weiterführenden Ausbildung;
– eine berufliche Laufbahn, die den Eintritt ins Erwerbsleben möglich macht.
Ohne derartige Außenstrukturen sind Jugendlichen Angebote zum Lesen- und Schreibenlernen nur schwer sinnfällig zu machen.

Nicht immer sind solche Strukturen den Jugendlichen transparent und kaum jemals von Anfang an. Es ist daher Aufgabe der in der Förderung tätigen Pädagogen, für Transparenz zu sorgen, etwa indem die Perspektiven und die Abläufe immer wieder besprochen und in Erinnerung gerufen werden, also stets aufs neue für die Teilnehmer eine *Orientierungsgrundlage* hergestellt wird.

Zu den zu beachtenden Strukturen gehört auch die Größe und die Zusammensetzung der Lerngruppe. Jugendliche, deren schulisches Lernen überwiegend von Mißerfolgen begleitet war, benötigen sorgfältig gepaßte Angebote, was voraussetzt, daß der Kursleiter sich ein genaues Bild von den Stärken und Schwächen eines jeden einzelnen Lernenden machen kann. Dies aber ist nur möglich, wenn die Gruppengröße eine gewisse Obergrenze nicht übersteigt. In der Regel lag diese Grenze bei fünf Teilnehmern. Es wird u. a. viel Zeit benötigt für Gruppenbildungsprozesse oder das Aushandeln von Verkehrs- und Arbeitsformen. Wenn dann auch noch Zeit für ein gegenstandsbezogenes Lernen verbleiben soll, muß logischerweise die Gruppengröße beschränkt werden. Möglicherweise ist die Gruppengröße von 10, 12 oder gar noch mehr Schülern in Sonderschulklassen ein Hinderungsgrund für eine konsequente Alphabetisierungsarbeit — was nicht ausschließt, daß Prinzipien der Alphabetisierung auch im Sonderschulunterricht umgesetzt werden können.

Eine der wesentlichsten Rahmenbedingungen ist schließlich die verfügbare *Lernzeit*. Wir haben bereits darauf hingewiesen, daß es bei dem Personenkreis illiteraler Jugendlicher nicht genügt, sich auf Angebote zum Lesen und Schreiben zu beschränken. Wenn man nicht bloß Kosmetik betreiben will, bedeutet das, daß hinreichend viele Wochenstunden für die Förderung zur Verfügung gestellt werden müssen: ein Minimum von vier und ein Maximum von sechs Unterrichtsstunden. Weniger als vier Unterrichtsstunden reichen nicht aus, um die Inhalte so zu vertiefen, daß einem restlosen Vergessen zwischen den Förderstunden vorgebeugt wird. Mehr Förderstunden würden zu einer Übersättigung führen; sie wären aber auch kaum jemals realisierbar, weil sie mit anderen Ausbildungsinhalten kollidierten.

5.3 Methoden der Persönlichkeitsstabilisierung und des Angstabbaus

Ein erster, wichtiger Beitrag zur Persönlichkeitsstabilisierung ist die Erfahrung, etwas zu können, an dem man sich zuvor zehn Jahre lang vergeblich versucht hat: Lesen und Schreiben. Mitunter bedarf es jedoch gezielter Maßnahmen, damit sich ein Teilnehmer überhaupt auf die Angebote zum Schriftspracherwerb einläßt. Darüber hinaus ist es fast immer notwendig, Teilnehmern ihre Lernfortschritte deutlich zu machen: Menschen, die lange Zeit Erfahrungen der Hilflosigkeit gemacht haben, sind oft nicht mehr in der Lage, die Zusammenhänge zwischen ihrem Handeln und den Konsequenzen des Handelns wahrzunehmen, selbst dann, wenn sie erfolgreich gewesen sind (vgl. 2.4). Zur Persönlichkeitsstabilisierung haben wir uns Verfahrensweisen der kognitiven Verhaltenstheorie und der Individualpsychologie bedient. Daß wir von theoretisch unterschiedlichen Positionen ausgegangen sind, hängt damit zusammen, daß in unserer Arbeitsgruppe Vertreter der einen wie der anderen Theorie mitgearbeitet haben. Wir haben festgestellt, daß die beiden Grundpositionen sich in der praktischen Arbeit gut miteinander vereinbaren ließen, sich mitunter sogar sinnvoll ergänzten, weshalb wir keine Veranlassung sahen, eine Position zugunsten der anderen aufzugeben.

5.3.1 Handlungsmöglichkeiten auf der Basis der Individualpsychologie

Die schulischen und sozialen Biographien der Jugendlichen unserer Kurse sind überwiegend von einer tiefen Entmutigung, vor allem auch hinsichtlich ihres Selbstwertgefühls und Leistungsvermögens, gekennzeichnet. Viele von ihnen sind äußerst verunsichert, sie leiden unter erheblichen Minderwertigkeitsgefühlen und Ängsten, sie fühlen sich nicht angenommen, nicht dazugehörig, sie sehen sich den an sie gestellten „Lebensaufgaben" nicht gewachsen. Viele von ihnen befinden sich, wie ADLER es ausdrückt, bereits auf der „unnützlichen Seite des Lebens". Die Individualpsychologie (IP) sieht in dem Hereinwachsen des Kindes in die Gemeinschaft, ausgestattet mit genügend Vertrauen und Selbstvertrauen, die Grundlage einer „normalen" Entwicklung. Störungen in der Persönlichkeitsentwicklung eines Individuums führt die IP stets auf eine mangelhafte und fehlerhafte Entwicklung des Gemeinschaftsgefühls zurück. Jede Fehlentwicklung von Gemeinschaftsgefühl, jeder Mangel an dem Gefühl der Zugehörigkeit führt, entsprechend der individualpsychologischen Theorie, je nach ihrem Grad zu einem gewissen Maß an psychischer Verunsicherung. „Gemeinschaft ist der entscheidende und richtungsweisende Faktor in der seelischen Entwicklung. Jede Störung, die mit der Schwächung des Sozial- oder Gemeinschaftsgefühls einhergeht, hat einen ungeheuer schädigenden Einfluß auf die seelische Entwicklung des Kindes. Gemeinschaftsgefühl ist gleichsam das Barometer kindlicher Normalität" (ADLER, 1983, S. 10). ADLER spricht in diesem Zusammenhang von „überbürdeten" Kindern, die in ihren ersten 4 bis 5 Lebensjahren mit Situationen konfrontiert wurden, die einen schädigenden, bleibenden Eindruck auf sie ausübten und deren Entwicklung einen Mangel an „Gemeinsinn" zeigte. „Sie haben eine fehlerhafte Apperzeptionsweise, mittels der sie die Welt ganz anders anschauen und sich ein ganz anderes Ziel als das des Miterlebens gesetzt haben. Sie sind immer geneigt, auf die unnützliche Seite des Lebens auszuweichen, wenn man sie prüft" (ADLER, 1981, S. 53).

Das Leben und Handeln der Kinder, die eine Fehlentwicklung, einen Mangel an Gemeinschaftsgefühl aufweisen, ist geprägt von einem verstärkten Gefühl der Unsicherheit. Daß das drohende Gefühl der Unsicherheit und Minderwertigkeit einen so entscheidenden Einfluß auf die Persönlichkeitsentwicklung des Kindes nehmen kann, hängt mit seiner „naturgegebenen" Schwächeposition zusammen. Nur vor diesem Hintergrund ist es erklärbar, daß aus individualpsychologischer Sicht nach MÜLLER (1973) Mißerfolge in der Leistung, oft hervorgerufen durch das Gefühl des Nicht-Angenommenseins, den Weg in die negative Kompensation öffnen. Die negative Kompensation ist dementsprechend nicht mehr auf die Überwindung von „realen Mißständen" und Unzulänglichkeiten bezogen, vielmehr ist das Individuum nun darauf bedacht, aufgrund eines zunehmenden Minderwertigkeitsgefühls ein verstärktes Sicherheitsstreben zu entwickeln. „Aus dem Gefühl der Zurückgesetztheit, der persönlichen Unsicherheit, aus der Furcht vor der zukünftigen Rolle und vor dem Leben entwickeln sich machtvoll übertriebene Regungen nach Geltung, Liebe und Zärtlichkeit" (ADLER, 1972, S. 229). Die damit einhergehende Bedrohung des Selbstwertgefühls des Kindes führt zu einer „Umfinalisierung". LOUIS (1975) beschreibt, daß hier der Effekt der gleiche wie bei der Lebensbedrohung sei, nur trete dieser infolge der Umfinalisierung bereits bei einer Bedrohung des Selbstwertgefühls auf. Nach ADLER ist die umfinalisierte Form der „lebenserhaltenden Furcht" gleichzusetzen mit dem Ausdruck „Angst". ANTOCH interpretiert in diesem Zusammenhang ADLERs Verständnis von der Ursache psychischer Fehlschläge folgendermaßen: „Im allgemeinen besteht eine solche irrtümliche Stellungnahme darin, daß jemand auf der Grundlage eines Gefühls der Angst um den eigenen Selbstwert sich auf sich selbst beschränkt und den Kontakt zu seiner Umwelt, insbesondere zu den anderen in dieser Welt, meidet. Das in diesem Sinne verstandene „mangelnde Gemeinschaftsgefühl" bewirkt also eine Einschränkung der Bezogenheit zur Realität, einen Realitätsverlust. Diesem Zustand hat ADLER den Namen Entmutigung gegeben, und tatsächlich ist Entmutigung der gemeinsame Nenner der Ursprungssituation von Fehlschlägen" (ANTOCH, 1984, S.4).

In unseren Kursen befinden sich Jugendliche, deren schulische Biographie sich uns als ein einziger großer Weg der Entmutigung darstellt, die z. T. über Jahre durch Arbeitslosigkeit isoliert leben, deren häusliche Situation bis zur Unerträglichkeit belastet war bzw. ist, und auch Jugendliche, die in ihren früheren Ausbildungs- und Arbeitsverhältnissen nicht zurechtgekommen und gescheitert sind. Wir müssen den Versuch unternehmen, diesen entmutigten, enttäuschten Jugendlichen behutsam Mut zu machen, ihnen ihre irrtümlichen Zielsetzungen aufzuzeigen und sie dazu ermutigen, diese durch neue angemessene zu ersetzen; wir müssen ihnen behilflich sein bei dem nicht immer leichten Schritt ins Erwachsenen- und Erwerbsleben – indem wir sie bestärken, sich als Person und auch schriftsprachlich wieder etwas zuzutrauen. Diese Arbeit kann nur zum Erfolg führen, wenn es gelingt, den Jugendlichen zu einem gesunden Leistungsverhalten zu verhelfen, wobei sich auf diesem Wege Überforderung wie Unterforderung gleichermaßen entwicklungshemmend auswirken.

5.3.2 Interventionsmöglichkeiten auf der Basis kognitiver Verhaltenstheorie

Die kognitive Verhaltenstheorie führt Schwierigkeiten einer Person darauf zurück, daß sie
– in ihrem „inneren Umweltmodell" nicht genügend Wissen und Kompetenzen gespeichert hat, um die Anforderungen bewältigen zu können, die der Person in dieser Umwelt aufgetragen werden und/oder

– falsche Vorstellungen von der eigenen Person hat, z. B. überhöhte Ansprüche oder ein unterentwickeltes Selbstwertgefühl und/oder
– ihr Strategiewissen nicht ausreicht, um gesteckte Ziele auch zu erreichen.

Daß fehlendes Wissen eine Person in Schwierigkeiten bringen kann, ist evident. Weniger offensichtlich ist, daß Wissensdefizite, etwa in der Schule, nicht wenige emotionale und soziale Schwierigkeiten zur Folge haben können, z. B. Verweigerungsreaktionen. Fernbleiben vom Unterricht kann Ausdruck der Tatsache sein, daß ein Schüler nicht alle Tage wieder seine Unfähigkeit unter Beweis stellen will. Für Schüler, die in der Klasse den Anschluß verloren haben, sind die Angebote (weil unverständlich) oft sehr langweilig; also suchen sie Beschäftigungen, die ihnen die Zeit vertreiben, nur leider den Nachteil haben, daß sie den Unterricht stören. Schüler (auch Jugendliche), die nicht auf dem Weg von Schulleistungen Anerkennung finden können, versuchen nicht selten, durch sog. unterrichtsfremdes Verhalten Beachtung zu finden. Lernende, die infolge geringer Schulleistungen die Erwartungen ihrer Mitwelt nicht erfüllen, erfahren nicht selten Zurückweisung und sind persönlich unglücklich.

Angesichts solcher Wechselbeziehungen zwischen Wissen und Kompetenz einerseits, emotionalen und sozialen Schwierigkeiten andererseits fragt die kognitive Verhaltenstheorie bei entsprechenden Problemen zuallererst, ob diese eine Folge unzulänglichen Umweltwissens sind. Eine diagnostische Frage könnte z. B. lauten: „Was müßte die Person wissen und können, um mit ihrer Umwelt angemessener in Kontakt zu treten als sie es im Augenblick tut". Nicht selten findet man heraus, daß es erfolgversprechender sein kann, der Person fehlendes Wissen zu vermitteln, als auf einen Abbau des störenden Verhaltens hinzuwirken. Die erlebte Unfähigkeit zu lesen und zu schreiben veranlaßt auch manche Jugendliche, Lese- und Schreibhandlungen (z. T. aggressiv) zu verweigern oder ihre Unsicherheit durch Imponiergehabe zu kompensieren. Allein die Vermittlung der fehlenden Schriftsprachkompetenz kann zur Verringerung derartiger Verhaltensweisen beitragen. Es können aber auch andere Wissensdefizite sein, die Jugendliche unsicher machen, etwa Unwissenheit bezüglich Berufs- und Ausbildungsmöglichkeiten. Nach der Logik der kognitiven Theorie ist es sinnvoll, diese Defizite abzubauen, um zur Persönlichkeitsstabilisierung beizutragen.

Fehlendes Umweltwissen geht meistens einher mit einer unrealistischen Selbstwahrnehmung. Gelegentlich versuchen Menschen sich durch Allmachtsfantasien über ihre beschränkten Möglichkeiten hinwegzutäuschen. Weitaus häufiger ist jedoch, daß Menschen nach Mißerfolgs- und Hilflosigkeitserlebnissen ihre Möglichkeiten als noch weitaus eingeschränkter einschätzen, als sie in Wirklichkeit sind. Die Folgezustände davon sind Gefühle der Resignation und der Depression. Das Bemühen der Verhaltenstheorie zielt darauf ab, bei den Betroffenen eine realistische Selbstwahrnehmung herbeizuführen, hauptsächlich dadurch, daß man die Personen erfahren läßt, daß ihre Handlungsmöglichkeiten keineswegs erschöpft sind. Wer von sich sagt, „Ich werde niemals lesen lernen können", dem bieten wir, (z.T. sogar in Form einer Wette) an, sich auf einen Versuch einzulassen, mit dem wir ihm das Gegenteil beweisen können.

Schließlich kann eine Person auch durch fehlendes Strategiewissen beeinträchtigt sein. Ein Jugendlicher möchte sich zwar um eine Lehrstelle bewerben; aber er weiß nicht, wohin er sich wendet und wie er sich bei einem Vorstellungsgespräch verhält. Die kognitive Theorie geht davon aus, daß man fehlendes strategisches Wissen durch Übung ausbilden kann; daher trainieren wir mit Jugendlichen Vorstellungsgespräche, ebenso wie wir sie darin unterweisen, ihre Arbeitszeit einzuteilen oder sich einen Lerngegenstand anzueignen.

Eine wichtige Rolle bei der Anbahnung neuer Verhaltensmuster spielt der „innere Dialog": Fast alles, was wir tun, begleiten wir mit Sprache. Wir ermuntern uns oder beschimpfen uns, wir kommentieren und geben uns Kommandos. Das alles läuft in unserem Kopf wie eine Hintergrundmusik ab und meist bemerken wir diese sprachlichen Kommentare erst, wenn wir bewußt darauf achten. Von der Art, wie wir unser Handeln sprachlich begleiten, werden unsere Stimmungen beeinflußt. Wenn uns eine kritische Situation bevorsteht, können wir
– „katastrophisieren", d. h., uns den Verlauf und das Ergebnis in den schwärzesten Farben ausmalen. Das Ergebnis kann sein, daß wir vor Angst zittern und schweißnaß sind, lange bevor eine Bedrohung eingetreten ist und womöglich ohne daß uns eine wirkliche Gefahr droht.
– Wir können aber auch planmäßig vorgehen und uns fragen „Worin besteht die Schwierigkeit?" – „Wie kann ich ihr begegnen?" – „Kann ich schon ein paar Formulierungen einüben, damit sie mir dann leichter von der Zunge gehen?"
Während das „Katastrophisieren" in Hilflosigkeit endet, steigert man im anderen Fall seine Handlungskompetenz. Man kann auch Zustände innerer Erregung dämpfen durch beruhigende innere Dialoge wie „Bleib ruhig, es wird schon irgendwie klappen" – „Da haben wir schon schwierigere Probleme bewältigt" – „Es wird zwar nicht einfach, aber ich will mein Bestes versuchen". Indem wir in der Fördersituation die Tätigkeit der Jugendlichen mit entsprechenden Kommentaren begleiten, versuchen wir modellhaft eine entsprechende Selbstkommunikation anzuregen.

5.4 Methoden zur Vermittlung des Lesens und Schreibens

Das methodische Vorgehen ist ausführlich in den folgenden Kapiteln beschrieben. An dieser Stelle wollen wir zusammengefaßt die Leitlinien unseres Vorgehens beschreiben und die Quellen, aus denen wir bei der Organisation unserer Förderangebote geschöpft haben.

5.4.1 Konkurrierende Prinzipien der Lesedidaktik

In der Lesedidaktik begegnen wir mehreren konkurrierenden Prinzipien:
- der „synthetischen Methode", einem Fortschreiten vom Teil zum Ganzen,
- der „analytischen" oder „ganzheitlichen" Methode, bei der von Anfang an mit ganzen Wörtern Sätzen und Text gearbeitet wird und die Ausgliederung der einzelnen Elemente erst nach und nach erfolgt, sowie neuerdings
- der Methode des Fortschreitens vom Unvollkommenen zum Vollkommenen.

Bei der synthetischen Methode wird ein Graphem nach dem anderen eingeführt. Auf der Basis dieser Grapheme werden Wörter und kurze Texte gebildet. Es liegt bei diesem Vorgehen auf der Hand, daß es sehr lange dauert, bis sinnhaltige Texte erlesen oder angefertigt werden können. Eine deutsche synthetische Vorkriegsfibel führt die Kinder folgendermaßen in die Schriftsprache ein: zunächst werden alle Vokale vorgestellt, dann die ersten Konsonanten. Daran schließen Übungen an mit Graphemverbindungen wie „ma", „mu", „me", „mo", „mi"; „na", „no", „ne", „no", „ni"; „ei", „mei", „mei ne" usf. Gegen ein derartiges „Laut- und Silbengestammel" wandten sich die Vertreter der analytischen Methode. Diese warteten bereits am Anfang eines Lehrgangs mit kleinen Geschichten auf. Die Wörter wurden zunächst logographemisch geübt, und erst nach und nach wurden die Kinder auf die Phonem-Graphem-Beziehung aufmerksam gemacht. Als Nachteil des ganzheitlichen Vorgehens war häufig zu beobachten, daß Kinder, denen die logographische Einprägung der Wörter recht leicht fiel, wenig Motivation aufbrachten, sich das alphabetische Prinzip der Schriftsprache anzueignen.

Im Anfangsunterricht der Grundschule wird kaum jemals noch eine der beiden Methoden in „Reinkultur" verwandt. Es wird vielmehr ein „methodenintegriertes" Vorgehen praktiziert. Durch Bilder und Bildunterschriften wird mit wenig Text ein Ereignis dargestellt. So bald wie möglich versucht man, den Kindern zu vermitteln, aus welchen Graphemen die Übungswörter zusammengesetzt sind. Auch dieses Vorgehen ist nicht gefeit gegen Sinnleere und Überwiegen mechanischen Übens, zumal wenn den Kindern bei ihren Bemühungen um die Schriftsprache notwendige Fehlversuche allzuschnell als unverzeihliche Fehler ausgelegt werden. Es ist eine im Rahmen des methodenintegrierten Vorgehens weit verbreitete Praxis, zunächst mit dem Lesen zu beginnen und erst mit einer zeitlichen Verzögerung mit dem Schreiben. Letzteres beschränkt sich über lange Zeit auf Nachschreiben, und erst am Ende des 2. Schuljahres, mitunter noch später, werden die Kinder zur Produktion eigener Texte angehalten. Motiviert ist dieses Vorgehen durch den Anspruch, daß alles, was Kinder schreiben, von Anfang an orthographisch korrekt sein soll – damit nur kein Kind durch das Einprägen falscher Wortbilder zu einem schlechten Rechtschreiber wird.

Wo Menschen selbstgesteuert lernen, bilden sie nicht nacheinander Teilfertigkeiten aus. Vielmehr versuchen sie sich an der komplexen Endhandlung. Dabei produzieren sie zu Beginn oft Handlungen, die nur entfernt an die Endhandlung erinnern. Mit der Zahl der Wiederholungen, mit Fehlern und Rückschlägen, nähert sich das

Tun jedoch immer mehr der Endhandlung an – um so mehr, wenn der Lernende behutsame Ermunterung und Rückmeldung erfährt. Das augenfälligste Beispiel für diese Form der Aneignung ist das Erlernen der Sprache. Die ersten Annäherungen sind ein unspezifisches Lallen, in das die glücklichen Eltern meist mehr hinein- als heraushören. Die Reaktionen der Umwelt bestärken das Kind, in seinen Bemühungen fortzufahren. Erst spricht es undeutlich einige wenige Wörter und mit zunehmender Übung immer mehr mit immer größerer Deutlichkeit. In der neueren Lesedidaktik (z. B. BALHORN u. a., 1987) gibt es Bestrebungen, sich dieses Prinzips auch beim Schriftspracherwerb zu bedienen; d. h., Kinder sollen so früh wie möglich zu eigenen Schreibversuchen animiert werden. Fehler werden zunächst großzügig behandelt. Mit der Zeit werden die Kinder dazu angehalten, ihre Schriftprodukte selbst zu kontrollieren, wobei sie Wörterbücher oder Wortkarten aus einem Übungswortschatz verwenden können. Nach Möglichkeit sollen alle Lese- und Schreibversuche eine Funktion haben z. B. ein Ereignis aufzuzeichnen, einen Brief zu schreiben oder eine Geschichte, die in der Klasse verlesen wird. Durch ein derartig gebrauchsorientiertes und repressionsfreies Vorgehen soll verhindert werden, daß Kinder Angst vor dem Schreibenlernen entwickeln oder einfach durch die Angebote gelangweilt werden.

Wie bedeutsam sind die verschiedenen Prinzipien für die Arbeit mit Jugendlichen? Schüler, die in der Regelschule an den methodenintegrierten Angeboten scheitern, werden in der Schule für Lernbehinderte für gewöhnlich nach stark synthetischen Lehrgängen unterrichtet – der Überzeugung folgend, daß für langsam lernende Schüler die Inhalte in kleine und kleinste Einheiten zerlegt werden müssen. Diese Strategie ist schon im Sonderschulunterricht problematisch, denn niemand kann die Schönheit eines Mosaiks bewundern, wenn man die Mosaiksteine einzeln vor ihm ausleert. Für die Arbeit mit Jugendlichen scheidet ein stark synthetisches Vorgehen aus mehreren Gründen aus, denn
– bei einem synthetischen Vorgehen dauert es sehr lange, bis ein Lernender den Gebrauchswert der Schrift erfahren kann;
– es dauert lange, bis sich Kompetenzerlebnisse einstellen;
– sofern auch in der Schule synthetisch vorgegangen wurde, können sich negative Assoziationen einstellen – Ängste, Widerstände, Aversionen.

Bei dem Prinzip des Fortschreitens vom Unvollkommenen zum Vollkommenen ist zu bedenken, daß Jugendliche andere Ansprüche an ihre eigene Leistungsfähigkeit haben als Kinder. Wenn ein Vorschulkind zwei Kringel malt und behauptet, das heiße „Oma", mag es davon selbst nicht vollkommen überzeugt sein, aber es ist mit der realisierten Annäherung zufrieden. Ein Jugendlicher würde sich eher weigern, etwas zu Papier zu bringen, wenn er zu einer anspruchsvolleren Leistung nicht in der Lage wäre, als seine von ihm so erlebte „Unfähigkeit" derart unter Beweis zu stellen.

Angesichts des Perfektionsanspruchs, den ältere Lernende durchaus internalisiert haben, und ihrer Ungeduld, einen unmittelbaren Nutzen aus ihren Lernbemühungen ziehen zu wollen, eignet sich für die Arbeit mit Jugendlichen am ehesten eine ganzheitliche Methode: Mit den Jugendlichen zusammen werden Übungstexte erstellt, die für die Teilnehmer eine persönliche Bedeutung haben. Zunächst logographisch werden besonders bedeutsame Wörter im Text identifiziert und eingeprägt. Diese Wörter werden von den Teilnehmern auf Karteikarten geschrieben, mit denen diverse Verfestigungsübungen und die Konstruktion neuer Texte erfolgen können. Bevor wir dies im Detail darstellen, wollen wir darüber informieren, welches methodischen Vorgehens man sich in der Erwachsenenalphabetisierung bedient und welche Anregungen wir aus deren Angeboten erhalten haben.

5.4.2 Methoden der Erwachsenenalphabetisierung

Bei der Durchsicht von Bibliographien zur Alphabetisierung in Industrieländern stellt man fest, daß die ersten Publikationen zu dem Thema 1970 erschienen. Die ersten Alphabetisierungsmaßnahmen wurden in England und in den USA durchgeführt, was aus zwei Gründen verständlich ist: zum einen erfolgte zu der Zeit ein großer Zustrom von Immigranten aus Ländern mit unzulänglichen Bildungssystemen; z. T. aber waren deprimierende Zustände in den eigenen Schulen mitverantwortlich für hohe Analphabetenquoten.

Mit Rücksicht auf die teilweise recht eigenwilligen Idiome und Dialekte der Lernenden favorisierte man bei der Alphabetisierung den „language experience approach": um die Teilnehmer an den Alphabetisierungskursen nicht durch die für sie ungebräuchliche bzw. unverständliche Hochsprache abzuschrecken, verzichtete man auf Lesetexte, die in dieser Sprache abgefaßt waren. Stattdessen fertigte man eigene Texte für die jeweilige Zielgruppe an, wobei man Erfahrungen der Teilnehmer thematisierte und die von ihnen gebrauchten Begriffe und Redewendungen in die Texte einfließen ließ (vgl. McFARLANE, 1974). Dies war in den Ländern keineswegs eine revolutionäre Form des Vorgehens, zumal ähnliche Vorstellungen zuvor schon Eingang in die Grundschuldidaktik gefunden hatten (N. GODDARD, 1974, und Kap. 2.5). Die Alphabetisierung konnte also auf ein bereits bestehendes Repertoire von Methoden zurückgreifen. Lediglich die in den Texten zu bearbeitenden Inhalte mußten andere sein.

In der BRD trat das Problem „Analphabetismus" erst 10 Jahre später in das öffentliche Bewußtsein. Vorbilder waren zunächst die Alphabetisierungsprojekte Paolo FREIRES in den ländlichen Regionen Lateinamerikas. FREIRE strebte mit seiner „Pädagogik der Unterdrückten" (1973) eine Befreiung der ausgebeuteten und in Unmündigkeit gehaltenen Landbevölkerung an. Auch die ersten Alphabetisierungsangebote in der Bundesrepublik hatten emanzipatorische Ziele und sollten zu einer Verbesserung der Lage von sozial benachteiligten Personen beitragen. Aufgegriffen wurde FREIRES Prinzip des „Lernens in Lebenssituationen". Es sollten Qualifikationen ausgebildet werden, die „... zur Bewältigung von gesellschaftlich vorgegebenen Situationen nötig sind" (EHLING, MÜLLER und OSWALD, 1981, S.39). Die Kursleiter sollten mit den Betroffenen in einen symmetrischen Dialog eintreten. „Der Dialog sollte sich vor allem an bedeutsamen, d. h. die konflikthaften Lebenssituationen widerspiegelnden Themen entfalten" und „Lese- und Schreibanlässe müssen organisch aus diesen Themen hervorgehen" (WAGENER und SCHNEIDER, 1981, S. 124). Auch dieser Ansatz führte dazu, individuelle Lesetexte zu entwickeln.

Angesichts der Versagensängste und der „Furcht vor Entdeckung" erwachsener Analphabeten in der deutschen Bevölkerung war man sich schon sehr früh bewußt, daß man in den Kursen nicht eine reine Wissensvermittlung betreiben konnte. Vielmehr sollten die Ängste der Teilnehmer berücksichtigt, wenn möglich thematisiert, aufgearbeitet und dadurch abgebaut werden. Ein gelungenes Beispiel für solche Bemühungen ist die von Kursteilnehmern gestaltete Zeitschrift „Nach 18 Uhr" der Bremer Volkshochschule. Hier berichten Teilnehmer über wichtige bis belanglose Ereignisse, nicht selten aber auch über die Schwierigkeiten, die sie als Analphabeten gehabt haben und die Erleichterung, die sie allein dadurch erlebt haben, daß sie das Problem mit der Kursteilnahme offen angegangen haben.

Eine Besonderheit der Erwachsenenalphabetisierung in der BRD ist die Verwendung der Morphemmethode. Morpheme sind die kleinsten bedeutungstragenden Einheiten der der Sprache. Dies ist ein Beispiel eines morphemgegliederten Wortes:

„Arbeit/s/be/schaff/ung/s/maß/nahm/e"

Zu unterscheiden sind Stammorpheme und Flexionsmorpheme; erstere repräsentieren die Hauptbedeutung eines Wortes, letztere seine grammatikalisch/syntaktische Funktion. Stammorpheme sind in dem o. a. Beispiel /Arbeit/, /schaff/, /maß/, nahm/. Begriffe und Texte, die in den Alphabetisierungskursen erarbeitet werden, werden in Morpheme gegliedert. Den Teilnehmern wird dadurch die Wortstruktur verdeutlicht. Die Morpheme schreiben die Teilnehmer auf Karteikarten und reihen sie in eine Übungskartei ein. Mit Hilfe bereits gelernter Morpheme sollen sie später eigene Texte konstruieren. Die Morphemmethode gründet auf Überlegungen von SCHUBENZ und RABE (1974, zit. nach SCHEERER-NEUMANN, 1979). Die teilweise enthusiastische Adaptation durch die Erwachsenenalphabetisierung basiert auf drei Ausgangsüberlegungen:
1. Erwachsene reagieren noch stärker als Kinder mit Ablehnung auf scheinbar sinnlose Beschäftigungen. Eine relativ sinnarme Tätigkeit ist das Üben von Silben und Graphemen, weil diese weder eine begriffliche noch eine grammatikalische Bedeutung haben. Mit der Verwendung von Morphemen wird erwartet, daß der Sinnzusammenhang in allen Phasen des Lesen- und Schreibenlernens gewahrt bleibt.
2. Das Gliedern von Wörtern in Morpheme soll zu einer impliziten Förderung der grammatikalischen Kompetenz beitragen.
3. Mit den 200 häufigsten Morphemen lassen sich 85 % aller geläufigen Texte herstellen. Wenn es gelingt, Teilnehmer zu trainieren, diese Morpheme sicher zu

schreiben und zu kombinieren, sollte es möglich sein, die Schriftsprachkompetenz auf eine höchst ökonomische Weise anzubilden.

Kritisch ist dagegen einzuwenden, daß auch durch die Morphemgliederung Bedeutungen verfremdet und ihres Sinnes entleert werden. Was das Argument der Ökonomie betrifft, so ist festzuhalten, daß auch das Aufgliedern von Wörtern in Morpheme und noch mehr das Konstruieren neuer Wörter auf der Basis von Morphemen gelernt werden will. Darüber hinaus ist zu fragen, *welche* Wörter bzw. Wortbestandteile aus den 100–200 häufigsten Morphemen gebildet werden können. „Diese Überlegung wird durch die geringe Komplexität einiger häufiger Morpheme nahegelegt: so nehmen die Morpheme /t/ und /e/ des Wortes konn/t/e in der Häufigkeitsrangreihe von SCHUBENZ et al. die Plätze 2 und 4 ein, während das Morphem /konn/ unter den 220 häufigsten überhaupt nicht zu finden ist" (SCHEERER-NEUMANN, 1979, S.133). Noch kritischer beurteilen FÜSSENICH und GLÄSS (1984) den Ansatz. Sie werfen der Morphemmethode „linguistische Inkonstistenz" vor und weisen nach, daß in vielen Fällen eine eindeutige Morphemgliederung entweder unmöglich ist oder dem Sprachverständnis der Lernenden zuwiderläuft. Außerdem fragen sie, welchen Sinn die Methode bei der Alphabetisierung Erwachsener haben soll, wo sich doch im Berliner Legastheniezentrum gezeigt habe, daß es den dort betreuten Kindern an der Motivation fehlte, „... sich mit dieser Arbeitsform auseinanderzusetzen" (S.56).

Gegenwärtig, so scheint es, herrscht in der Erwachsenenalphabetisierung Methodenpluralismus. So schlägt KAMPER (1987) vor, auf der Basis der Konzepte von BREUER und WEUFFEN (1986) basale Fähigkeiten der auditiven und visuellen Wahrnehmung zu schulen – ein Ansatz, der bei der Förderung von Kindern mit Lese- und Schreibproblemen nicht unumstritten ist. Andere Kursleiter wandeln Prinzipien und Materialien der freien Arbeit in Grundschulen ab (HUBERTUS 1987; DRECOLL, 1987). Und schließlich gibt es auch Fibeln für Erwachsene, wie das vom Berliner „Arbeitskreis Orientierungs- und Bildungshilfe e.V." 1985 in sechs Bänden herausgegebene „Handbuch für Erwachsene". Zwar wird hier an der Morphemmethode festgehalten; auch sind die Themen der Lebenswelt von Erwachsenen entnommen. Dennoch enthalten diese Handbücher bemerkenswert viele Konstruktionselemente schulischer Einheitslehrgänge, so daß mit der Herstellung von Lehrmitteln für die Alphabetisierung möglicherweise vieles von dem verlorengeht, was die Didaktik der Alphabetisierung einmal vor anderen Ansätzen ausgezeichnet hat: die Auseinandersetzung mit den Lernenden auf der Basis gemeinsam erarbeiteter Texte.

Wir haben für Alphabetisierung Jugendlicher nicht wenige Anregungen der Erwachsenenalphabetisierung übernommen, insbesondere die, den Schriftspracherwerb als einen emanzipatorischen Prozeß zu begreifen und sich auf die Probleme und Bedürfnisse der Kursteilnehmer einzulassen. Jugendlichen sind traumatische Erinnerungen an die Schule noch näher als Erwachsenen, daher sind wir bei unserer Arbeit immer darauf bedacht, unser Vorgehen nicht zu „verschulen". Anders als Erwachsene, die an Alphabetisierungskursen teilnehmen, sind die Jugendlichen noch dabei, ihren Ort in der Gesellschaft zu suchen. Maßnahmen zum Angstabbau und zur Persönlichkeitsstabilsierung sind daher bei dem Personenkreis noch notwendiger als bei älteren Lernenden. Als eine unverzichtbare Notwendigkeit erleben wir bei unserem Vorgehen die Verbindung zwischen dem Schriftspracherwerb und praktischer Arbeit: die Jugendlichen in den Maßnahmen erlernen handwerkliche Fertigkeiten. Sie üben Tätigkeiten aus, die für sich genommen eine gewisse Befriedigung auslösen. Dadurch sind sie aufgeschlossen, sich der Mühe zu unterziehen, schulische Dinge nachzulernen. Wir halten es für bedenklich, arbeitslosen Jugendlichen, die sonst keine gesellschaftliche Einbindung haben (also nicht einmal an einer Maßnahme teilnehmen), Fertigkeiten des Lesens und Schreibens zu vermitteln, ohne ihnen gleichzeitig eine berufliche- und damit Lebensperspektive zu bieten.

6. Praxis der Alphabetisierung

Nicht einzelne Techniken oder Lernangebote führen zum Erfolg der Förderung. In unserer Förderpraxis hat sich, wie wir im folgenden darstellen möchten, ein aufeinander abgestimmtes Arrangement von pädagogischen Maßnahmen sowie materieller und zeitlicher Rahmenbedingungen als sinnvoll erwiesen.

6.1 Organisatorischer Rahmen

Die Alphabetisierungskurse, die wir beschreiben, haben wir von 1983 bis 1985 in Zusammenarbeit mit dem „Arbeiter-Bildungs-Centrum" der Arbeiterkammer Bremen in „Lehrgängen zur Verbesserung der Eingliederungsmöglichkeit (LVE)" durchgeführt. Seit 1986 findet die Förderung innerhalb des Modellprojekts „Arbeitsweltbezogene Jugendsozialarbeit" des Kreisverbandes Bremen des Deutschen Roten Kreuzes statt. Bei beiden Trägern erhalten soziokulturell benachteiligte Jugendliche, die weder eine Arbeits- noch eine Ausbildungsstelle gefunden haben, eine berufspraktische Grundbildung. Schwerpunkte sind Bauwirtschaft, Holzverarbeitung, Pflegen/Helfen/Hauswirtschaft, Garten- und Landschaftsbau, Metall- sowie Textilverarbeitung. Die Teilnehmer an diesen Kursen sind zum überwiegenden Teil Abgänger der Schule für Lernbehinderte. 1985 bis 1987 hatten wir auch Gelegenheit, die Förderkonzepte im Sonderschulunterricht bei sog. lernbehinderten bzw. verhaltensgestörten Schülern zu erproben. Von 1983 bis heute wurden etwa 150 Jugendliche gefördert.

Wir arbeiten mit Gruppen von 5 Teilnehmerinnen und Teilnehmern. Die Dauer der Förderung umfaßt sechs Unterrichtsstunden in der Woche. Eine Arbeitseinheit erstreckt sich über 3 Unterrichtsstunden. Diese Zeitdauer steht im Widerspruch zu gängigen Annahmen der Sonderschuldidaktik, nach denen „Lernbehinderte" infolge ihrer „Konzentrationsstörungen" und ihrer angeblich geringen Ausdauer nicht länger als 20 Minuten konzentriert beschäftigt werden können. In unseren Kursen hat sich gezeigt, daß die Jugendlichen zu weitaus längeren Phasen der Mitarbeit bereit sind, weil sie die Angebote als für sie persönlich relevant erkennen – abgesehen davon, daß wir die Angebote als solche interessant und motivierend gestalten.

Zu Beginn einer Arbeitssitzung werden in einem Gesprächskreis 15 Minuten lang organisatorische Fragen, aktuelle Ereignisse, sowie Anlässe bzw. Befindlichkeiten, die eine erfolgreiche Aneignung der folgenden unterrichtlichen Angebote beeinträchtigen könnten, besprochen. Danach versorgen sich die Teilnehmer mit den

Materialien, die in der Stunde gebraucht werden. Anschließend bringt die Kursleiterin die von ihr fertiggestellten Texte der vorangegangenen Arbeitssitzung ein. Fertigstellen heißt, daß die Kursleiterin im Rahmen ihrer Unterrichtsvorbereitung von den Texten der Jugendlichen Reinschriften in großer Schrifttype (ggf. Schrifthöhe 1–3 cm) anfertigt, sie mit Illustrationen versieht und für alle Teilnehmer fotokopiert.

Wenn ein so entstandener Text (Eigentext) von den Jugendlichen bearbeitet werden soll, erhalten sie zunächst Gelegenheit, sich selbst mit dem Text zu beschäftigen. Danach können sie entscheiden, welche Hilfe ihnen die Kursleiterin geben soll, damit sie ihren Text in der Gruppe vortragen können. Manche Teilnehmer müssen nur auf einige Wörter aufmerksam gemacht werden, andere wollen ganze Passagen oder den vollständigen Text zunächst von der Kursleiterin vorgelesen haben. Die Hilfen werden individuell dosiert. Zur Vorstellung eines Textes in der Gruppe besteht kein Zwang. Es kommt durchaus vor, daß ein weniger geübter Leser es einem fortgeschritteneren überläßt, seinen Text vorzutragen. In dieser Phase stehen die inhaltlichen Aspekte der Texte im Vordergrund. Fremde, nicht von den Teilnehmern erarbeitete Texte, werden immer erst von der Kursleiterin vorgelesen. Erst nachdem die Inhalte diskutiert und besprochen sind, schließen sich Lese- und Schreibübungen im engeren Sinne an (vgl. Kap. 6.6–6.8).

6.2 Materialien

In den Kursen werden wenig Druckschriften gebraucht, dafür aber diverse Verbrauchsmaterialien zum Anfertigen von Eigentexten. Die Materialien sollten in dem Arbeitsraum dauerhaft gelagert werden können, damit je nach Erfordernis der Lernsituation darauf rasch zugegriffen werden kann. Folgende Materialien sollten bei der Durchführung eines Förderkurses für 4–5 Schüler verfügbar sein:

1	abschließbarer Materialschrank
1	Overheadprojektor
1	Diaprojektor
1	Cassettenrecorder
1	Schreibmaschine, möglichst mit übergroßer Schrifttype (Plakatschrift)
1	Sofortbildkamera und 2 Filme
5	Diafilme
5	Leercassetten C 60
20	Zeitschriftenexemplare (Sport, Tiere, Jugend, Fotografie)
5	Wörterbücher Deutsche Rechtschreibung
50	kopierbare Folien für den Overheadprojektor
10	Folienstifte, wasserfest, schwarz, „sehr fein"
10	Folienstifte, wasserlöslich, schwarz, „sehr fein"
2	Folienstifte rot

12	Ordner DIN-A4
1	Locher
1	Heftmaschine
800	Karteikarten DIN-A6
6	Karteikästen DIN-A6
50	Bogen Tonzeichenpapier oder Plakatkarton
200	Blatt Schreibmaschinenpapier
200	Blatt liniertes Schreibpapier DIN-A4
12	Bleistifte
12	Faserschreiber
10	Filzstifte in verschiedenen Stärken
4	Gold- bzw. Silberstifte
6	Lineale
6	Radiergummis
12	DIN-A4-Hefte mit Rand (kariert)
10	Tippex-flüssig
2	Sammelmappen DIN-A3
12	Sammelmappen DIN-A4

Manche Materialien, insbesondere die technischen Geräte, können mehrfach genutzt werden. Da kaum Mittel für Druckschriften auszugeben sind, dürften die Kosten für Lehr- und Lernmittel nicht höher sein, als die, welche im normalen Schulbetrieb für einen Schüler aufzuwenden sind.

6.3 Erstkontakt mit den Jugendlichen

Bei den Erstkontakten sind wir bemüht, den Teilnehmern eine kognitive Struktur, eine realistische Vorstellung von dem zu vermitteln, was sie in dem Kurs erwarten wird, nämlich
— welche Aufnahme sie zu erwarten haben,
— welche Anforderungen an sie gestellt werden,
— wie die Angebote beschaffen sind,
— welche Lernfortschritte sie in welcher Zeit erwarten können und
— welche Perspektiven sich ihnen eröffnen, wenn sie ihre Fertigkeiten des Lesens und Schreibens verbessern.
Zum Teil geben wir diese Informationen verbal; so weit wie möglich versuchen wir jedoch, die Teilnehmer schon bei der ersten Begegnung charakteristische Details der Kurse *erfahren* zu lassen.

In der Regel bestellen wir zukünftige Teilnehmer zu einem ersten Gespräch direkt im Anschluß an einen Förderunterricht. Der Jugendliche hat dann die Gelegenheit, ohne selbst schon in die Arbeit eingebunden zu sein, die Atmosphäre, die in unseren Kursen herrscht, beim Aufbruch der Mitglieder der Fördergruppe wahrzunehmen bzw. die Materialien, die wir benutzen, in ersten Augenschein zu nehmen.

Wir achten darauf, daß die Aktenordner, Karteikästen, Bleistifte, Filzschreiber etc. sehr ansprechend sind. Sie sollen nicht an „Schule" erinnern, sondern an funktional-schönes Büromaterial. Die Materialien (Ordner und Karteikästen) kennzeichnen wir individuell mit den Namen der Teilnehmer, indem wir mit Lack- oder Silberstift optisch ansprechende Aufkleber (aus Tonzeichenpapier und selbstklebender Folie) herstellen. Dies soll dem Teilnehmer schon zu Beginn signalisieren: Hier ist jemand, der sich *für mich* Arbeit macht, der sich Zeit dafür nimmt, daß ich etwas Gutes bekomme. Wir versuchen solch fatale Assoziationen zu vermeiden, wie ein Ordner sie auslösen kann, den bereits 4 Schüler bekritzelt haben und dessen Mechanik klemmt. Nicht selten werden wir gebeten, doch noch „einen ganz kleinen Aufkleber vielleicht" für die Kennzeichnung von persönlichem Eigentum zu Hause herzustellen, oder Teilnehmer bringen Dinge mit, die sie mit unseren Silber- oder Goldstiften beschriftet haben möchten. Unsere Teilnehmer sind ausnahmslos davon begeistert, welch schöne Dinge sie im Förderunterricht erhalten.

Nach Möglichkeit führen wir mit den Teilnehmern zunächst Einzelgespräche. Dies gibt den Jugendlichen die Möglichkeit, eventuelle Bedenken und Unsicherheiten zu artikulieren. Das Einzelgespräch signalisiert zugleich, daß wir bereit sind, uns mit der Person des Teilnehmers auseinanderzusetzen, auf seine Interessen oder Schwierigkeiten einzugehen. Schon bei den ersten Gesprächen versuchen wir Hinweise zu bekommen, an welchen Inhalten man gemeinsam weiterarbeiten kann. Daher sprechen wir mit den Jugendlichen über ihre bisherigen Lernerfahrungen, ihr mögliches Interesse an dem Förderkurs, ihre Ziele, ihre Lebensperspektive – genauso wie über ihre Interessen und Hobbys. Nicht selten fertigen wir aufgrund der Gesprächsinhalte einen ersten Lesetext – einen Eigentext. Die Praxis hat gezeigt, daß viele Jugendliche *zu Beginn* der Förderung eher mit Inhalten zu erreichen und zum schriftsprachlichen Tun zu motivieren sind, die ihnen die Möglichkeit eröffnen, ihr Mitteilungsbedürfnis in Bezug auf Wünsche, Träume und Phantasien zu aktivieren und zu befriedigen, anstatt ihre eigene Geschichte und Lebenssituation zu reflektieren. Dies erfolgt erst bei einem gewachsenen Vertrauensverhältnis innerhalb der Gruppe.

Zur Vermittlung der Strukturen gehört auch, daß wir den Teilnehmern klarmachen, daß in den Gruppen bestimmte Verhaltensregeln gelten sollen: etwa daß wir es nicht zulassen, daß ein Teilnehmer gehänselt wird; oder daß beim lauten Vorlesen eines Textes durch einen Teilnehmer absolute Ruhe herrscht, – daß er nicht gestört werden darf, egal, wie lange es eventuell dauert. Offensichtlich sind die Teilnehmer bereit, diese Verhaltensweisen als für sich sinnvoll zu akzeptieren. Mit der Arbeitsdisziplin oder störendem Verhalten haben wir bisher im angemessenen Rahmen keine Schwierigkeiten gehabt, obwohl der Teilnehmerkreis sicherlich nicht unproblematisch ist. Im Förderunterricht haben die Jugendlichen die Möglichkeit, auf Störungen zu verzichten − die Aufmerksamkeit und Zuwendung, die sie durch „Störungen" einfordern könnten, erhalten sie ohnehin.

Nach dem Erstkontakt ist zu entscheiden, ob die ersten Lernaktivitäten mit dem neuen Teilnehmer in der Gruppe oder in Einzelarbeit stattfinden sollen. Teilnehmer, die sehr ängstlich sind, sollte man zunächst in einer Sitzung mit dem Kursleiter allein ihre Fähigkeiten erkennen lassen. Allerdings kann eine bereits bestehende und gut organisierte Gruppe viel dazu beitragen, die Angst vor dem Neubeginn zu überwinden, indem die Teilnehmer über ihre positiven Erfahrungen berichten.

Dadurch, daß wir immer wieder Lernerfolge und Fortschritte verbalisieren und mit den Teilnehmern diskutieren, können sie mit der Zeit eine sehr genaue Vorstellung von ihren Leistungen entwickeln. Fortgeschrittene Teilnehmer sind (wozu wir sie ermutigen) auch in der Lage, ihre Erfolge mit Stolz anderen kundzutun. Wir haben beobachten können, daß solche Äußerungen geeignet sind, den „Neuen" Mut zu machen.

Schon bei dem Erstkontakt kommt es darauf an, bei einem späteren Teilnehmer die Überzeugung zu wecken, daß
− er respektvolle Aufnahme finden und mit seinen Problemen akzeptiert werden wird,
− seine Probleme gelöst oder zumindest verringert werden können,
− er selbst seinen Erfolg erarbeiten wird und
− wir ihm auf seinem Weg alle erdenkliche Unterstützung bieten werden.
Die oben beschriebenen Maßnahmen sind Mittel dazu. Wir vermuten jedoch, daß ein Kursleiter nur dann überzeugend ist, wenn er die Jugendlichen wirklich als Person annimmt, bzw. annehmen kann. Annehmen heißt in dem Fall, daß er zwar nicht mit allen Handlungen und Meinungen der Jugendlichen einverstanden sein muß. Auch ist er nicht verpflichtet, seine Teilnehmer zu „lieben". Gefordert ist vielmehr die professionelle Akzeptanz des Psychotherapeuten, der eine Person allezeit als entwicklungsfähig ansehen muß, auch wenn ihr aktuelles Handeln noch so sehr Züge der Verwirrung zeigt. *Kursleiter, die ihren Klienten mit einer vorwurfsvollen Distanz oder mit Gleichgültigkeit begegneten (und wäre sie auch noch so unterschwellig), könnten bei ihren Teilnehmern wohl kaum Erfolge erzielen.*

6.4 Wenn Jugendliche Texte schreiben

In der Diskussion mit Studenten und Lehrern wird, wenn wir die von uns *fertiggestellten* Schreibprodukte unserer Kursteilnehmer vorstellen, immer wieder gefragt, wie es denn möglich sei, daß „.... Analphabeten Texte schreiben".

Bei den Jugendlichen unserer Zielgruppe, die, wie mehrfach angesprochen, nur sehr eingeschränkt über die notwendigen Grundfertigkeiten (wie z. B. Satzbau, Rechtschreibung, Strukturierung eines Textes) verfügen, erhalten ansprechende Ideen und Inhalte ohne umfassende Hilfen keine angemessene Form und bleiben als Textfragmente stehen. Die Mehrzahl der Teilnehmer unserer Förderkurse hat, wenn überhaupt, nur vordergründige Kompetenzen (wie z. B. das Abschreiben von Texten, das Einsetzen von Wörtern in Lückentexte) ausgebildet und kann Schriftsprache eventuell mechanisch anwenden, wenn der inhaltliche und formale Rahmen vorgegeben und/oder eng gesteckt ist. Wenn sie, wie gelegentlich in der Schule der Fall, mit der komplexen Aufgabe konfrontiert werden, Texte anzufertigen, reagieren sie mit massiven Ängsten und Hemmungen, die sich in Versuchen äußern, sich den Anforderungen zu entziehen. Das Spektrum dieser Versuche reicht von Schutzbehauptungen (Kann ich doch alles − ist zu leicht/zu schwer − zu langweilig − uninteressant − bin heute kaputt) bis hin zur konsequenten (und zum Teil aggressiven) Verweigerung. Wir haben Wege gesucht und gefunden, *jedem* Jugendlichen die Produktion von Texten zu ermöglichen, ganz gleich, auf welchem Kompetenzniveau er sich befindet.

Ein Text muß nicht zwangsläufig von einem Kursteilnehmer selbst aufgeschrieben worden sein − je nach Kompetenzniveau wird die Kursleiterin sogar sehr umfangreiche Arbeiten übernehmen müssen, damit ein Schreibprodukt entstehen kann. Dies kann aus unserer Sicht nicht das Kriterium für die Autorenschaft sein. Niemand würde auf die Idee kommen, z. B. eine Schreibkraft in einem Schreibbüro als Verfasserin einer Doktorarbeit anzusehen, weil sie das Manuskript mit einem Textcomputer zu einer druckfertigen Vorlage gestaltet hat. Der Doktorand nutzt vielmehr das Angebot von Technologie und Kompetenz des Schreibbüros, um seiner Arbeit eine angemessene Form zu geben. In diesem Sinne stellen wir uns den Jugendlichen als „Schreibkräfte" zur Verfügung. Wichtig ist zunächst, daß die inhaltliche, sprachliche und gestalterische Umsetzung so erfolgt, daß eine spontane Identifikation des Kursteilnehmers mit dem Schreibprodukt erfolgt.

6.5 Der vereinfachte Text − Philosophie und Arbeitsmittel zugleich

Nur Sprachforscher interessieren sich für die Strukturprinzipien der Schrift. Den durchschnittlichen Schriftanwender interessieren die Möglichkeiten des Schrift*gebrauchs;* und es interessiert die Inhalte, die in einem Text beschrieben sind. Schreiben soll für unsere Teilnehmer immer befreienden und strukturierenden Charakter haben, sowie zu neuen Erkenntnissen, Erfahrungen und Handlungen führen. Daher ist Schreiben *mehr* als die eben erwähnte Hilfe zum Erwerb der Lesekompetenz. In den Förderkursen sind wir beständig bemüht, *Inhalte* zu finden, die für die Kursteilnehmer wichtig sind und versuchen die Schrift mit diesen Inhalten zu verknüpfen. Zu den Inhalten verfertigen wir „Vereinfachte Texte". Mit den Texten führen wir Lese- und Schreibübungen durch. Dabei gehen wir davon aus, daß die Teilnehmer die Strukturprinzipien der Schrift durch Lese- und Schreibhandlungen *intuitiv* erfassen. Auf Regeln der Schriftbildung und des Schriftgebrauchs weisen wir nur in Ausnahmefällen hin. Zwei Grundformen des Vereinfachten Textes werden von uns im Lese- und Schreibunterricht mit Jugendlichen eingesetzt: „Eigentexte", die gemeinsam mit den Jugendlichen im Unterricht erarbeitet werden, und vereinfachte Zeitungsmeldungen etc., die den Bedürfnissen und Interessenlagen der Jugendlichen entsprechen.

Abb. 6.1: Eigentext in Form einer Wandzeitung (Originalgröße DIN-A2)

Texte nach Aussagen der Kursteilnehmer kann man auf verschiedene Arten gewinnen:
– Die Kursleiterin schreibt nach Diktat des Kursteilnehmers einen Text.
– Die Kursleiterin protokolliert die Kernaussagen.
– Die Kursleiterin läßt ein Tonband mitlaufen (eine in unseren Kursen äußerst selten geübte Praxis).
Eine andere Möglichkeit besteht darin, Fotos zu betexten, die ein für einen Teilnehmer bedeutsames Geschehen darstellen. Es empfiehlt sich, den Arbeitstext

nicht in der gleichen Sitzung anzufertigen, in der das Gespräch mit dem Teilnehmer stattfindet, sondern im Rahmen der Unterrichtsvorbereitung für die nächste Stunde. Der Text kann nur so mit der gebotenen Sorgfalt ausgearbeitet und gestaltet werden, was u. a. auch die Wahrscheinlichkeit erhöht, daß der Teilnehmer sich mit ihm identifiziert.

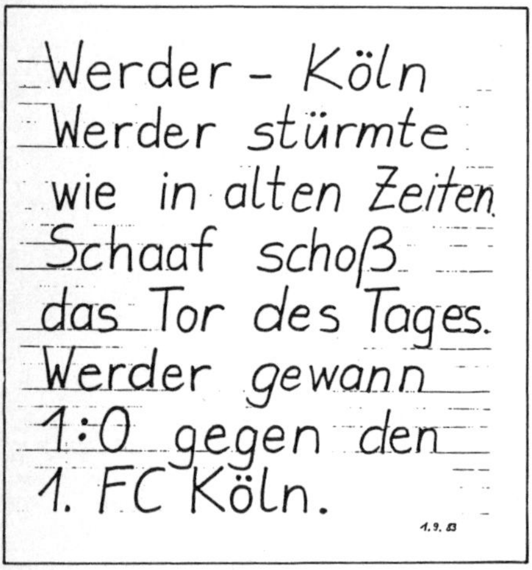

Werder – Köln
Werder stürmte
wie in alten Zeiten.
Schaaf schoß
das Tor des Tages.
Werder gewann
1:0 gegen den
1. FC Köln.

Abb. 6.2: Vereinfachter Text nach einer Zeitungsmeldung

Bei der Herstellung eines Vereinfachten Textes sind folgende „technische" Konstruktionsprinzipien zu beachten:
– Die Sätze sollten unterschiedlich lang sein, um schon rein optisch gegen Stereotypen zu wirken. Der Annäherungswert für die Anzahl liegt bei 5–6 Sätzen.
– Die Schrift soll gedruckter Schrift so ähnlich wie möglich sein, und zwar wegen des Gebrauchswertes: Schreibschrift kommt im Alltag ebenso wie Blockschrift nur selten vor, daher kann (sollte) auf Schreibschrift im Förderunterricht verzichtet werden.
– Die einzelnen Buchstaben sollten möglichst deutlich und groß sein. (Großbuchstaben ca. 3 cm, Kleinbuchstaben ohne Ober- und Unterlängen 1,5 cm hoch). Ungeübte Leser sind zwar in der Lage, auch kleine Schrifttypen zu erkennen. Aber Texte mit großer Schrift werden *bereitwilliger* gelesen – denn die Bereitschaft zur Mitarbeit ist etwas, was in den Kursen immer wieder angestrebt werden muß.
– Der Abstand zwischen den einzelnen Wörtern sollte bei dieser Buchstabengröße bei ca. 2 cm liegen, um die optische Gliederung des Satzes zu erleichtern.
– Bei langen oder/und zusammengesetzten Wörtern kann man auch zusätzliche Abstände nach Sinneinheiten (Morphemen) als Gliederungshilfe einfügen. Der Charakter des Wortes als eine Einheit muß dabei aber erhalten bleiben.

Die Texte sollen aber nicht nur lesetechnisch einfach sein. Nicht weniger wichtig ist es, daß sie die Teilnehmer auch *interessieren*. Eigentexte sollten daher möglichst folgende *motivationale Prinzipien* berücksichtigen:

- Das Prinzip der *Aktualität*: Es sollten nur Inhalte erarbeitet werden, die den aktuellen Bedürfnissen sowie Sprach- und Lebenserfahrungen der Jugendlichen entsprechen, um Lesemotivation zu wecken und zu fördern.
- Das Prinzip des *Informationsgewinns*: Trotz Vereinfachung und Ansatz an bereits vorhandenem Wissen und Erfahrungen zum Thema soll jeder Text auch neue, bedeutsame Informationen enthalten.
- Das Prinzip des *Gebrauchswertes*: Die Texte sollen den Jugendlichen den kommunikativen Aspekt von Schriftsprache verdeutlichen und ihnen Perspektiven zur Erweiterung ihrer Handlungskompetenz eröffnen.
- Das Prinzip des *Angstabbaus*: Der Text soll den Jugendlichen auf allen Bearbeitungsebenen Möglichkeiten zur Thematisierung und Bewältigung ihrer Abwehrmechanismen und Ängste beim Erwerb der Schriftsprache ermöglichen.

Die Forderungen, Texte syntaktisch einfach und zugleich interessant zu gestalten, lassen sich in der Praxis manchmal nicht gleichzeitig erfüllen, so daß der Kursleiter mitunter abwägen muß, welches Prinzip in der Situation Vorrang haben soll. In der Summe der Angebote sollten die motivationalen und die lesetechnischen Prinzipien des Vereinfachten Textes jedoch ausgewogen sein.

Weltsicht, Selbstverständnis und Verhaltensweisen vieler Teilnehmer sind geprägt von tiefer Entmutigung und Hilflosigkeit. Um den Jugendlichen zu helfen, diesen Zustand zu überwinden, ist es, der kognitiven und der individualpsychologischen Theorie entsprechend, erforderlich, die individuellen Lebensstilelemente wie irrtümlichen Zielsetzungen oder Vermeidungs- und Verweigerungsstrategien zu verstehen und zu ergründen. Die Erarbeitung von Eigentexten erfordert ein hohes Maß an Kommunikation. Im Zuge dieser Kommunikation ist es möglich, Erkenntnisse über die Persönlichkeitsstruktur eines Teilnehmers zu gewinnen und Hypothesen für die Förderung zu erstellen. Im Verlauf der späteren gemeinsamen Arbeit an dem fertigen Text können diese Hypothesen korrigiert oder untermauert werden.

Die Arbeit mit Eigentexten zielt nicht eindimensional auf eine direkte Aufhebung von schriftsprachlichen Defiziten ab, sondern versucht, durch Angstabbau, durch eine Veränderung von Kausalattribuierungen, durch eine Produktorientierung und nicht zuletzt durch die Steigerung des Selbstwertgefühls und des Gemeinschaftsgefühls eine Leistungssteigerung über Kompetenzerlebnisse zu erreichen.

6.6 Lese- und Schreibübungen auf der Basis vereinfachter Texte

6.6.1 Lesen mit sukzessivem Ausblenden der Hilfen (bei Teilnehmern mit sehr geringer bzw. fehlender Lesekompetenz)

Nach der Anfertigung eines Vereinfachten Textes nach den bereits vorgestellten Merkmalen und Prinzipien *liest die Kursleiterin den Text vor* und bespricht die wesentlichen Inhalte mit dem Jugendlichen. Anschließend liest sie den Text noch einige weitere Male vor und deutet dabei mit dem Finger auf die einzelnen Wörter. Nach und nach senkt sie die Stimme bei einzelnen Begriffen und läßt sie durch den Lernenden benennen. Nach anfänglicher Führung blendet sie sich also allmählich aus. *Der Jugendliche eignet sich sukzessiv Kompetenzen an, über die vor der Übung nur die Kursleiterin verfügte.* Diese Technik hat ihren Ursprung im „guiding and fading out", wie sie McFARLANE (1976) für die Arbeit mit erwachsenen Analphabeten vorschlägt. Das sinnbetonte Vorlesen des Übungstextes durch die Kursleiterin informiert den Teilnehmer darüber, welche Inhalte in dem Text behandelt werden. Lernende mit geringer Lesekompetenz müssen sich also nicht lange und mühsam quälen, um den Sinn eines Textes zu erfahren. Da sie die Bedeutung des Textes kennen, können sich die Teilnehmer voll und ganz auf die lesetechnischen Aspekte konzentrieren bzw. gestützt durch die semantische Struktur, Wortbedeutungen erkennen, obwohl sie die Wörter selbst noch nicht vollständig erlesen können.

Durch die beschriebene Vorgehensweise sind Jugendliche in der Lage, nach wenigen Minuten vier oder fünf Wörter *logographisch* wiederzuerkennen, auch dann, wenn ihre Kompetenzen noch sehr beschränkt sind. Diese Art des Lesens ist von der Endstufe alphabetisch-orthographischen Schriftgebrauchs noch weit entfernt. Es verschafft den Teilnehmern jedoch Kompetenzerlebnisse und ermutigt sie, in ihren Bemühungen fortzufahren. Anschließende Übungen tragen dazu bei, daß die Teilnehmer differenziertere Einsichten in die Schriftsprache gewinnen.

6.6.2 Die Verfestigung von Wörtern durch Satz-Wort-Zuordnung

Als Material für die Satz-Wort-Zuordnung werden zwei Bögen Tonzeichenpapier im Format DIN-A2 benötigt, auf die der Vereinfachte Text in ca. 2,5 bis 3 cm hohen Druckbuchstaben geschrieben wird. Eine der beiden Vorlagen wird zerschnitten, so daß für jedes Wort des Textes eine identische Wortkarte zur Verfügung steht. Nach mehrmaligem Vorlesen des Textes (s. o.) nimmt der Kursleiter die Wortkarten, die in Größe und Form den Wörtern im ganzen Text gleichen, zeigt sie dem Kursteilnehmer einzeln, liest laut vor, was darauf steht und legt sie auf die entsprechenden Textstellen. Das gleiche tut anschließend der Kursteilnehmer, indem er die Karten wieder entfernt und neben dem Arbeitsbogen einen zweiten Text mit den Karten legt. Treten bei einzelnen Wörtern Schwierigkeiten auf, sollte der Kursleiter sie sich merken und noch intensiver auf sie eingehen, z. B. indem er den Kursteilnehmer auf Anfangsbuchstaben, Endungen oder Wortgestalt aufmerksam macht. Beherrscht er das Nachlegen des Textes mit den Wortkarten sicher, kann man weitere Übungen anschließen. Die nächste Übung besteht darin, daß die Wortkarten gemischt und verdeckt werden. Der Kursteilnehmer ordnet sie den entsprechenden Textstellen zu und liest sie, entweder unter Zuhilfenahme des Sinnzusammenhanges, nachdem er sie eingeordnet hat, oder sofort, wenn er den Text nicht mehr als Stütze braucht. Eine Zuordnung nach Diktat des Kursleiters schließt sich an. Weitere Übungen sind wahrscheinlich nicht nötig, so daß man sich dem Schreiben zuwenden kann. Den Wünschen und der Phantasie des Lernenden sollte aber entsprochen werden, wenn er beispielsweise den Text variieren möchte.

Der Effekt dieser Satz-Wort-Zuordnungsübungen ist, daß selbst der pessimistischste, von seiner Unfähigkeit, Lesen und Schreiben zu lernen überzeugte Kursteilnehmer merkt, daß er den Anforderungen doch gerecht werden kann. Für die Einzelarbeit sind die Satz-Wort-Zuordnungen sehr gut geeignet; schwierig wird es, wenn in einer Gruppe Kursteilnehmer mit sehr unterschiedlichem Tempo lernen. Sie sind aber durchaus durchführbar, wenn die Kursteilnehmer rücksichtsvoll miteinander umgehen.

6.6.3 Der Einsatz des Overheadprojektors

Die oben beschriebene Arbeitsweise konnte ursprünglich nur für die Einzelarbeit genutzt werden. An der Satz-Wort-Zuordnung, der Arbeit mit Vorlage und Wortkarten aus Tonzeichenpapier, konnten höchstens zwei Lernende und der Kursleiter teilnehmen. Jeder weiteren Person mußte der Überblick und die nötige räumliche Nähe zum Arbeitsgegenstand fehlen. Wir suchten daher nach Wegen, diese Techniken auch für die Gesamtgruppen nutzbar zu machen. Die Arbeit mit dem Overheadprojektor ist eine ausgezeichnete Möglichkeit, diese Probleme zu überwinden.

Anstelle des Tonzeichenpapiers werden zwei Folien per Fotokopierer gezogen, wovon eine in Wort„karten" zerschnitten und zur Aufbewahrung in ein zweckentfremdetes Briefmarkenalbum einsortiert wird. Bei der Satz-Wort-Zuordnung wird der Text an die Wand projiziert. Jeweils ein Teilnehmer ordnet die transparenten Wörterstreifen zu. Die anderen Kursteilnehmer sind am Zuordnungsprozeß beteiligt und können im Falle einer falschen Zuordnung Rückmeldung geben. Um auch eine individuelle Arbeit am Text zu gewährleisten, erhält jeder Kursteilnehmer Papierkopien der Folie, wovon eine auf Tonzeichenpapier geklebt und ebenfalls in Wortkarten zerschnitten werden kann.

Die Gruppenarbeit am Overheadprojektor steigert die Gesprächsbereitschaft der oftmals sehr isolierten und zurückhaltenden Jugendlichen. Eine Folge davon ist nicht selten eine deutliche Verbesserung des mündlichen Sprachgebrauchs und eine Steigerung der Kommunikation der Jugendlichen untereinander. Die Teilnahme an den Erfahrungen und Interessen anderer über den Weg der Schriftsprache eröffnet allen Beteiligten neue Erfahrungen. Seinen eigenen Text als Arbeitsmittel für die Gruppe gewürdigt zu sehen, hat für die Teilnehmer besondere Bedeutung.

Das gleichsam visualisierte, kollektive Teilnehmen an den Interessen und Erfahrungen anderer über den Weg der Schriftsprache ermöglicht den Teilnehmern eine entspanntere, angstfreiere Hinwendung zum Text. Individuelle Schwierigkeiten (z. B. „Stottern" an bestimmten Textstellen) können gemeinschaftlich aufgefangen werden, wodurch über die lesefördernden Aspekte hinaus eine gemeinschaftsfördernde und gleichsam angstabbauende Atmosphäre erzielt werden kann.

6.6.4 Die Kartei

Jeder Teilnehmer verfügt über einen Karteikasten DIN-A7 mit alphabetischer Registratur (Groß- und Kleinbuchstaben). Besonders bedeutsame Wörter aus einem Text („Schlüsselwörter") bzw. Begriffe, zu denen der Jugendliche einen emotionalen Zugang hat, werden von ihm vorgeschlagen und von der Kursleiterin auf eine Karteikarte (im Format DIN-A7) übertragen. Damit soll sichergestellt werden, daß der Teilnehmer bei seinen weitern Übungen über richtige Vorlagen verfügt. Darüber hinaus können, ganz nach den individuellen Interessen und Bedürfnissen, eigene Fachwörterverzeichnisse zu bestimmten Themen (z. B. Fußball, Tischlerei, Liebe/Freundschaft, Jugend etc.) zusammengestellt werden. Abgesehen von den individuellen Wortsammlungen sind zusätzlich für alle Kursteilnehmer Kontrollkarten zur Rechtschreibung, betextete Bildkarten aus den verschiedenen Berufsfeldern und eine Sammlung sog. „kleiner Wörter" (Funktionswörter), die besonders häufig gelesen werden und etwa 50 % eines Alltagstextes ausmachen, eingeordnet.

Da die Übungswörter aus den gemeinsam erarbeiteten Texten − dort werden sie grün markiert − ausgewählt sind, handelt es sich nicht um entfremdete Lerngegenstände, sondern um Begriffe, die für die Lernenden eine persönliche Bedeutung haben. Die meisten Jugendlichen haben zu ihrem Karteikasten auch einen emotionalen Bezug − er ist gleichsam der Tresor für den erworbenen Wortschatz und wird dementsprechend gehütet. Da die Teilnehmer praktisch mit allen Begriffen eine Sinnhaftigkeit verbinden, bzw. die Motivation haben, ihren Text weitgehend/vollständig richtig zu schreiben (vgl. Kap. 6.8), ist es möglich, Verfestigungsübungen anzuschließen, die ohne diesen Bezug als mechanisch gelten müßten.

Hierzu kommen Partner-Wörterdiktate sowie Selbstdiktate in Frage. Die Partner-diktate setzen voraus, daß der diktierende Partner in der Lage ist, die Karteiwörter des Schreibenden korrekt zu lesen. Ggf. muß dies die Kursleiterin sicherstellen, indem sie sich die zu diktierenden Wörter vorlesen läßt. Hierbei kann der Diktierende ebenfalls konzentriert lernen – daher sollte die Kursleiterin keinesfalls der Einfachheit halber selbst diktieren. Grundsätzlich übernehmen wir nie Aufgaben, die der Jugendliche selbst bewältigen kann, weil ihm dies wichtiger Lernchancen berauben und ihn entmutigen würde. Selbständiges Lernhandeln ist Unterrichts-prinzip und im Lernarrangement fest etabliert: Die Kursleiterin steht jedoch immer für notwendige Unterstützung zur Verfügung. Die angestrebte Selbständigkeit darf nicht von den Teilnehmern als Alleingelassensein empfunden werden.

Selbstdiktate der Karteiwörter werden unter Verwendung eines Übungshefts durch-geführt. Wir verwenden ein kariertes Heft mit Rand, auf dessen innere Umschlagseiten kopierte Arbeitsanweisungen geklebt werden. Den Rand der Heftseiten schneiden wir ab. Zum Arbeiten wird das Heft quergelegt. In fünf Spalten sind die Arbeitsanweisungen zu lesen:

Dieses Wort soll geübt werden	abschreiben	auswendig schreiben	kontrol-lieren	verbessern

In die erste Spalte kann sich der Teilnehmer selbst Übungswörter eintragen oder von der Kursleiterin eintragen lassen. Natürlich können hier auch Wörter geübt werden, die nicht aus der Kartei stammen. Wenn der Lernende über sehr wenig Lesekompetenz verfügt, sollten die Arbeitsanweisungen zusätzlich mit Piktogrammen versehen werden. Für das Üben zu Hause kann die Kursleiterin die zu übendenen Wörter auf Cassette sprechen. Keinesfalls sollten Wörter schriftlich geübt werden, deren Sinn nicht bekannt ist bzw. von den Teilnehmern nicht erlesen werden kann.

6.7 Vermittlung von Buchstabenkenntnis

Anders als bei Schulanfängern kann bei den meisten der Jugendlichen Buchstabenkenntnis vorausgesetzt werden. Ihre Schwierigkeit ist, daß sie zwar die Grapheme einzelnen benennen können, aber nicht in die Lage sind, sie zu einem Wortganzen zu synthetisieren bzw. die Graphemfolge eines Wortes richtig zu bestimmen. Gelegentlich sind jedoch einzelne Buchstaben unbekannt oder werden verwechselt (z. B. h und k). Für die erste Übung von Buchstaben ist vorgesehen, Richtung und Reihenfolge der Schreibbewegungen bei jedem einzelnen Buchstaben mit Zahlen zu versehen und die einzelnen Bewegungsabläufe zu üben. *Abb. 6.3* zeigt entsprechende Vorgaben nach FERNALD (o. J., nach McFARLANE, 1976).

Für Schüler, die schreibmotorische Schwierigkeiten haben, können große Vorlagen angefertigt werden. Diese fährt der Schüler mit einem Stift nach. Durch allmähliche Verkleinerung der Vorlagen kann die Schreibtechnik einer normalen Schriftgröße angenähert werden. Sofern ein Teilnehmer nicht ausdrücklich wünscht, Schreibschrift zu verwenden, beschränken wir uns, wie bereits erwähnt, aus Gründen der Lernökonomie auf die Vermittlung des Druckschriftalphabets. Wir gehen davon aus, daß die Jugendlichen auch später die Schreibanforderungen, mit denen sie konfrontiert sein werden, mit Druckschrift bewältigen können. Schreibmotorisches Ungeschick von Teilnehmern ist äußerst selten, weshalb es in der Regel keine großen Schwierigkeiten bereitet, zeitgleich mit dem Lesen auch Schreibübungen durchzuführen.

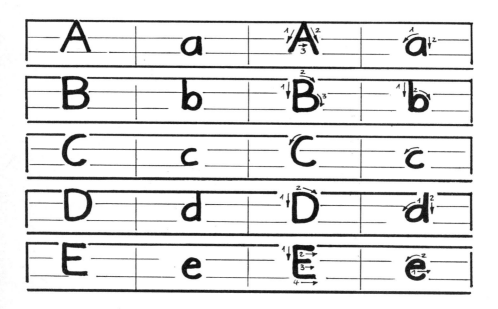

Abb. 6.3: Hilfe zum Einprägen der Buchstaben und der Schreibrichtung

6.8 Durchgliederung, Synthese und Rechtschreibung

Durch das Lesen mit sukzessivem Ausblenden der Hilfe bzw. durch die Satz-Wort-Zuordnung lernen die Teilnehmer, Wörter *logographisch* zu erfassen. Diese Zugriffsweise erfordert keine tiefen Einsichten in die Konstruktionsprinzipien der Schrift, weshalb auch Lernende mit geringen Vorkenntnissen schon nach kurzer Übungsdauer die ersten Wörter „lesen" können. Bei den Jugendlichen stellen sich sehr rasch Kompetenz und Erfolgserlebnisse ein. Der Nachteil des logographischen Vorgehens ist, daß das bloße Abspeichern von „Wortbildern" unökonomisch ist und keine ungeübten Wörter erlesen werden können. Es sind daher weitergehende Angebote notwendig, die den Teilnehmern einen alphabetischen bzw. orthographischen Schriftgebrauch ermöglichen. Bei einer realistischen Einschätzung ist allerdings davon auszugehen, daß die meisten Teilnehmer dies bereits ohne unser ausdrückliches Zutun leisten. Wie bereits bei der Buchstabenkenntnis erwähnt, verfügen die Jugendlichen über nicht genau zu bestimmende Teilfertigkeiten des Lesens. Wir vermuten, daß die Teilnehmer sich bereits einer „gemischten" (d. h. teilweise alphabetischen) Strategie bedienen, wenn unsere Angebote noch logographisch sind.

Die Hinführung zur alphabetischen und orthographischen Struktur der Schriftsprache erfolgt durch das *Schreiben*. Alle Wörter, die neu erarbeitet werden, werden auch geschrieben.

Dies initiieren wir mit der Aufgabe für den Teilnehmer, all die Wörter in seinem Text mit Bleistift zu unterstreichen, von denen er glaubt, daß er sie richtig schreiben kann. Damit ist auch impliziert, daß die Teilnehmer eine realistische Selbsteinschätzung ihrer Kompetenz erlernen. Dann werden in Partnerarbeit die einzelnen Wörter diktiert. Nach maximal 15 Minuten wird gewechselt bzw. ist das Diktat beendet. Im Anschluß an die Partnerdiktate werden jeweils die eigenen Wörter mit der Textvorlage verglichen, ggf. mit Unterstützung des Partners oder der Kursleiterin. Dabei wird in der Vorlage jedes richtige Wort mit einem blauen Markierstift gekennzeichnet (Wörter, die nicht unterstrichen waren, werden nicht diktiert bzw. bleiben unberücksichtigt, wenn ein Teilnehmer sie gerne schreiben will, dabei aber Fehler macht). Was falsch war, bleibt mit einem dünnen Bleistiftstrich gekennzeichnet − was „ins Auge springt" ist das Richtige − der Erfolg, und nicht, wie (schul-)üblich, der Mißerfolg, das Falsche.

Der Teilnehmer hat nun die Möglichkeit, durch Übung seine Rechtschreibleistung weiter zu steigern und die im Partner-Wörterdiktat unter Beweis gestellten Erfolge in seinem Text blau zu markieren. Somit eignet er sich wiederum sukzessiv Kompetenzen an. Obwohl wir es keineswegs verlangen, entwickeln nahezu alle Jugendlichen den Ehrgeiz, den ganzen Text blau markiert = richtig geschrieben zu haben.

An dieser Stelle schließt sich dann der Kreis der Arbeit mit dem Eigentext. Der Jugendliche hat alle relevanten Teilleistungen der Textproduktion erbracht, wenn auch in einer anderen als der üblichen Reihenfolge:

- Sinnentwurf
- Textentwurf
- *[Reinschrift durch die Kursleiterin]*
- Sinnentnahme
- Erlesen
- Vorlesen
- Kommunikation über den Text
- Satzstrukturanalyse
- Schreiben
- Rechtschreiben
- Selbstkorrektur
- (Selbst-)bestätigung und Attribuierung der erbrachten schriftsprachlichen Leistung
- Motivation zu neuem schriftsprachlichen Tun

Die ständige Verknüpfung von Schreiben und Lesen soll nicht nur der Verfestigung von Wörtern dienen. Wir verstehen das Schreiben auch als eine implizite Durchgliederungsübung. Durch das Abschreiben wird der Lernende auf den Graphembestand der Wörter aufmerksam. Durch das Schreiben aus dem Gedächtnis ist er gefordert, die Wörter auf ihre phonetische Struktur zu untersuchen und in eine Graphemfolge umzusetzen. Durch den Vergleich mit der Vorlage verschafft er sich Gewißheit, ob seine aktuell gebildeten Hypothesen über die Struktur des Wortes richtig sind. Mit zunehmender Wiederholung derartiger Übungen wird das Lesen und Schreiben der geübten Wörter automatisiert. Bei den Fehlerrückmeldungen kommt es darauf an, sich jeder Form des Tadels und der Mißbilligung zu enthalten. Fehler sind keine Verbrechen. Sie sind Annäherungsformen an die Schrift. Dies sollte man Teilnehmern immer wieder zu verstehen geben, denen es schon als eine beachtliche Leistung angerechnet werden muß, wenn sie sich nach einer langjährigen Serie von Mißerfolgen noch einmal der Mühe des Schriftspracherwerbs unterziehen.

Durch das Vorgehen erreichen wir, daß die Lehrgangsteilnehmer mit geringsten Ausgangsleistungen im Verlauf eines Jahres lernen, sich der Schriftsprache als Mittel zum Informationsgewinn zu bedienen.

Phoneme und Grapheme sind nicht die einzigen Strukturelemente von Wörtern. Andere Strukturen sind Silben und Morpheme. Angeregt durch das Vorbild der Erwachsenenalphabetisierung unterstützen wir das Aufgliedern bei längeren Wörtern durch Aufteilen in Morpheme. Die Wörter werden dadurch übersichtlicher und ihr Sinn ist leichter zu begreifen. Außerdem kann eine Art Regelwissen ausgebildet werden, wenn ein Teilnehmer sich merkt, daß Wörter wie „Werkstatt", „Werkbank", „Werkzeug", jeweils einen gleichen Bestandteil haben. Wir verwenden die Morphemgliederung jedoch nicht durchgängig und legen auch keine Morphem-Arbeitskarteien an, weil wir die letztere Methode für einen allzu artifiziellen Umgang mit der Schriftsprache halten.

96

Trotz vieler Ausnahmen gibt es Regeln der Rechtschreibung. Mit BALHORN (1989) sind wir der Auffassung, daß es für den Alltagsgebrauch der Schriftsprache nicht unbedingt erforderlich ist, diese Regeln auch *benennen* zu können. Das menschliche Bewußtsein ist seiner Natur nach bemüht, eintreffende Informationen zu ordnen und zu klassifizieren, d. h. Regeln zu bilden. Dieser Ordnungstätigkeit werden wir uns nur selten bewußt. Wenn wir auf der Basis der gemeinsamen Texte möglichst viele Wörter möglichst intensiv üben, liefern wir den Schülern eine Datensammlung, aufgrund derer die Teilnehmer „... die regeln, die den wörtern eingeschrieben sind,... in sich ausbilden, nacherfinden" (S.58) können. Wir schaffen die Voraussetzung dafür, daß die Lernenden implizite Vorstellungen über plausible Wortstrukturen ausbilden können. Nur in seltenen Fällen, wie etwa bei der Groß- und Kleinschreibung geben wir gezielte Hinweise.

6.9 Ausbildung von Strategiewissen und Selbstwertgefühl

In den vorangegangenen Abschnitten stand die Vermittlung des Umweltwissens „Schriftsprache" im Vordergrund. Maßnahmen zur Persönlichkeitsstabilisierung und zur Strukturierung des Lernhandelns wurden mehr beiläufig erwähnt. In diesem Abschnitt wollen wir zusammenfassen, wie wir bei der Förderarbeit Einfluß auf das „Selbstmodell" und das „Strategiemodell" der Jugendlichen nehmen.

Es mag trivial erscheinen und ist doch eine alles entscheidende Voraussetzung für die Alphabetisierungsarbeit: ein Fördererfolg kann sich nur dann einstellen, wenn ein Jugendlicher sich zur Teilnahme an dem Förderkurs bereitfindet und auch ausreichend lange im Kurs mitarbeitet. Wenn die Teilnahme nicht obligatorisch ist, bedeutet dies, daß ein wie auch immer geartetes persönliches Interesse, eine intrinsische Motivation, bei dem Jugendlichen vorhanden sein bzw. erzeugt werden muß. Da in unserer Kultur die Schrift eine hohe Bedeutung hat, gibt es kaum einen Jugendlichen, der nicht zumindest eine schwache Vorstellung hat, daß Schriftsprachkompetenz nützlich und notwendig ist. Allerdings würde dieses Bewußtsein kaum jemals ausreichen, um die Teilnehmer zum Durchhalten der gesamten Förderung zu bewegen. Wir motivieren die Jugendlichen, indem wir ihnen zunächst verbal die Vorzüge des Schreibenkönnens in Erinnerung rufen. Während der Förderung versuchen wir durch gebrauchsorientierte und attraktive Angebote (mehr darüber im nächsten Kapitel), die Teilnehmer den Nutzen des Schriftgebrauchs *erfahren* zu lassen.

Wie BANDURA (1977) ausführt, ist die Hoffnung auf Erfolg kein ausreichender Grund für eine Person, sich auf eine Handlung einzulassen, noch dazu, wenn diese Anstrengung kostet. Es muß die Überzeugung hinzukommen, daß eine reelle Chance besteht, das angestrebte Ziel auch zu erreichen. Infolge ihrer Lerngeschichte schätzen die Jugendlichen diese Chance für sich zunächst als sehr gering ein. Darüber hinaus haben sie Ängste vor dem Lesen und Schreiben ent-

wickelt, die einem Neuanfang im Wege stehen. Da die größten Ängste dann bestehen, wenn die Sache und die Abläufe, auf die man sich einläßt, unklar und ver-
schwommen ist, streben wir einen Angstabbau dadurch an, daß wir die Jugendlichen deutlich über die Abläufe aufklären, über die Leistungen, die sie zu erbringen haben, über mögliche Schwierigkeiten, aber auch über die Chancen und
Erfolgsaussichten. Gleichzeitig geben wir damit einen Impuls, in längeren Zeiträu-
men zu planen und Zeitbewußtsein bzw. Zeitstrukturen auszubilden. Berichte frü-
herer Teilnehmer über ihre Lernerfolge tragen dazu bei, daß neue Teilnehmer ihre
Möglichkeiten, lesen und schreiben zu lernen, nicht mehr ganz so negativ sehen
wie zuvor. Lernarrangements, bei denen die Jugendlichen nach kurzer Übungsdauer bereits Lernfortschritte sehen (wie etwa das Lesen mit sukzessivem Ausblenden der Hilfen) tragen dazu bei, daß die Jugendlichen anfangen, ihr „Selbstmodell" zu korrigieren und ihre eigene Kompetenz höher einschätzen, als sie das
bisher getan haben.

All dies ist nicht in einem einmaligen Akt zu leisten; es bedarf stets erneuter Anstrengungen, den Jugendlichen ihre Chancen und ihre Lernerfolge vor Augen zu
führen, wozu sich auch gezielte Rückmeldungen und Kausalattribuierungen gut
eignen. Wie wir im dritten Kapitel ausgeführt haben, sind Menschen, die lange
Phasen der Hilflosigkeit erlebt haben, mitunter nicht einmal mehr in der Lage
wahrzunehmen, welche Wirkungen sie durch ihr Handeln erzielen. Wir machen es
uns daher zur Aufgabe, die Jugendlichen immer wieder auf ihre Lernfortschritte
hinzuweisen. Zu den beschriebenen Persönlichkeitsstrukturen gehören auch Ur-
sachenzuschreibungen (Kausalattribuierungen) derart, Erfolge auf Glück und Zufall zurückzuführen, Mißerfolge aber auf die eigene Dummheit. Diesem persön-
lichkeitsschädigenden Erklärungsmechanismus versuchen wir gezielt entgegenzuwirken, indem wir immer wieder zu verstehen geben, daß die sichtbaren Lernerfolge auf die Anstrengungen und das Können der Jugendlichen zurückzuführen
sind. Gleichzeitig klären wir sie darüber auf, daß frühere Mißerfolge nicht allein
selbstverschuldet sein müssen, sondern daß unzulängliche Lernangebote in der
Grund- und der Sonderschule dazu beigetragen haben mögen. Für viele Teilnehmer ist das sehr erleichternd und steigert den Glauben an sich selbst.

Zu den persönlichkeitsstabilsierenden Maßnahmen gehört auch, daß die Teilnehmer lernen sollen, auf die Qualität ihrer Arbeitsergebnisse zu achten, ihre Kompetenzen richtig einzuschätzen und ihre Arbeit zu strukturieren. Die im Kap. 6.6 beschriebene Rechtschreibübung mit der Wörterkartei ist z. B. geeignet, das Kontrollhandeln der Teilnehmer zu schulen. In dem Zusammenhang ermuntern wir
die Jugendlichen auch dazu, lieber wenig und richtig zu schreiben als viel und
falsch. Dazu gehört, daß die Teilnehmer *einschätzen* lernen, welche Wörter sie bereits beherrschen und welche nicht.

7. Inhalte und Themen

Für eine erfolgreiche Alphabetisierungsarbeit mit Jugendlichen ist es notwendig, beständig nach Inhalten und Themen zu suchen, die für die Lernenden von persönlicher Bedeutung sind. Da manche Teilnehmer sprachlich gehemmt sind, ist es vor allem in der Anfangsphase eines Kurses nicht immer leicht herauszufinden, was für jeden einzelnen wichtig ist. Intensive Gespräche sind dafür notwendig. Gelegentlich sind auch Unternehmungen außerhalb des unterrichtlichen Rahmens oder Besuche der Kursleiterin am Arbeitsplatz der Jugendlichen hilfreich.

Die Themen, die so gewonnen und in den Eigentexten behandelt werden, sind ebenso unterschiedlich wie die Lebensläufe und so vielfältig wie die Interessen der Kursteilnehmer. Dennoch haben sich im Verlauf der Förderung drei Themenkomplexe herauskristallisiert:
- *Personenbezogene Inhalte*: Die Selbstdarstellung der Teilnehmer mit ihren Interessen, Wünschen und Träumen hat sich als sehr befruchtend für die Arbeit, besonders in der „Kennenlernphase", erwiesen.
- *Berufsvorbereitung und -perspektiven*: Im Mittelpunkt dieses Themenbereiches steht die bildliche und textliche Darstellung der individuellen Schwerpunkte in der praktischen Berufsvorbereitung. Dadurch erhalten die Jugendlichen die Möglichkeit, sich über die alltäglichen handwerklichen Tätigkeiten hinaus mit ihrer Arbeits- und Ausbildungssituation auseinanderzusetzen und Bedürfnisse, Erfolgserlebnisse, Gedanken, Wünsche, Befürchtungen, Ängste und Mißerfolge zu verbalisieren und zu reflektieren. Durch die kontinuierliche Arbeit an diesem Themenbereich werden die Jugendlichen befähigt, ihre Erfahrungen während der berufsvorbereitenden Maßnahme und ihre erworbenen Fertigkeiten in Praxis und Theorie differenziert darzustellen sowie ihre Zielvorstellungen zu verdeutlichen und ihre Interessen selbst zu vertreten. Besondere Bedeutung erhalten diese Kompetenzen für die Beratungsgespräche mit den Mitarbeitern des Arbeitsamtes, wo die Weichen für eine positive berufliche Entwicklung nicht zuletzt durch eine gekonnte Selbstdarstellung der Jugendlichen gestellt werden.
- Große Resonanz erfährt der Themenbereich „*Lesen und Schreiben im Alltag*". Durch die Arbeit mit Stadt- und Fahrplänen, Bank- und Behördenformularen etc. können Jugendliche Alltagsanforderungen im Umgang mit Schriftsprache erfüllen und sich beispielsweise um ihre finanziellen Belange kümmern, ohne ihre Eltern bemühen zu müssen. So können die Kursteilnehmer einen ersten Einblick in die Möglichkeiten eines unabhängigeren Lebens durch Schriftsprachkompetenz gewinnen.

7.1 Personenbezogene Themen und Texte

Im folgenden soll anhand von Beispielen dokumentiert werden, zu welchen Arbeitsergebnissen die schriftsprachliche Auseinandersetzung der Teilnehmer mit den folgenden Themen geführt hat:
- Was bedeutet für mich Freundschaft?
- Kind sein, jung sein, erwachsen sein, alt sein, - was bedeutet das für Dich?
- Was ist der Sinn Deines Lebens?
- Wie ich bin, wie ich sein möchte?
  und
- Wovor habe ich Angst? - Kennst Du auch solche Ängste?

Es soll deutlich werden, inwieweit sich die Jugendlichen individuell auf diese Themen einlassen können, wie ihre möglichen Reaktionen aussehen, welche Wirkung die Auseinandersetzung mit den Themen bei ihnen hinterlassen und inwieweit die Gruppendynamik, das „Gemeinschaftsgefühl" (ADLER) durch die „schriftsprachliche Beschäftigung" beeinflußt werden kann. Darüber hinaus soll in Auszügen dargestellt werden, welche Vorgehensweisen bei der Erarbeitung der Texte, bezogen auf die sehr unterschiedlichen Schwierigkeiten der Teilnehmer bei der Schriftsprachaneignung, sich als günstig und erfolgreich erwiesen haben.

7.1.1 Themenbereich „Was bedeutet für mich Freundschaft?"

Die Einzelbeiträge der Teilnehmer zu diesem Thema wurden hier zu einem Gruppentext, in dem die individuellen Aussagen der Teilnehmer erkennbar blieben, zusammengefaßt (vgl. *Abb. 7.1*).

Die Diskussion zeigt in der Regel noch überzeugender als die „Eigentexte", wie sehr sich die Teilnehmer durch dieses Thema angesprochen fühlen. Trotz des grossen Interesses haben die Teilnehmer oftmals bisher kaum Gelegenheit gefunden, sich differenzierter mit dem Thema „Freundschaft" auseinanderzusetzen. In welchem Maße sich einzelne Teilnehmer angesprochen fühlen und aufgefordert sehen, „Ich-Botschaften" in ihren Texten weiterzugeben, wird in vielen Beiträgen immer wieder deutlich: T., ein sehr zurückhaltender Teilnehmer, der eher den Eindruck zu vermitteln schien, als hätte er nur ein geringes Interesse an seinen Mitmenschen/Freunden, meinte: „... ohne Freunde hat das Leben keinen Sinn. Freunde können einem sehr helfen." *Abb. 7.2* zeigt einen von einer Teilnehmerin vorformulierten Text. Dieser Text wurde später von der Kursleiterin in Reinschrift übertragen.

Auch H., ein sehr kommunikationsfreudiger und beliebter Teilnehmer, macht ebenfalls sehr deutlich, warum Freunde gerade für ihn so wichtig sind: „... mit meinen Freunden bin ich nicht einsam, mit ihnen kann ich über alles reden".

Abb. 7.1: Reinschrift eines Eigentextes zum Thema „Was bedeutet für mich Freundschaft?". Der Text wurde gemeinsam von der Gruppe erstellt. Originalgröße: DIN-A2

Abb. 7.2: Schreibprodukt eines Kursteilnehmers vor der Reinschrift durch die Kursleiterin

Der Austausch der Teilnehmer über Aspekte von Freundschaft (z. B. Verläßlichkeit - Gemeinsamkeit − Hilfe − Treue − etc.) ist in der Regel äußerst lebhaft. Es ist deutlich zu beobachten, wie überrascht einzelne Teilnehmer von den Aussagen ihrer Mitmenschen sind, sei es, weil sie sich in diesen Aussagen selbst wiederfinden oder, weil sie solche Aussagen von ihnen nicht erwartet hatten.

Die sich anschließende „Wortschatzarbeit" hat gerade bei diesem Themenbeispiel gezeigt, daß die Teilnehmer sehr bemüht sind, die für sie wichtigen Schlüsselbegriffe wie Freundschaft − Freund/Freundin, − Vertrauen − Verläßlichkeit − Sehnsucht − Liebe − Haß − Eifersucht − Interessen − Probleme u. a. in ihrer Kartei festzuhalten und zu ihnen einen schriftsprachlichen Zugang zu finden. Nicht nur der eigene Beitrag wird hier genutzt, sondern auch die Beiträge der anderen Teilnehmer werden oftmals auf wichtige Schlüsselbegriffe hin „abgeklopft".

7.1.2 Themenbereich „Kind sein, jung sein, erwachsen sein, alt sein – was bedeutet das für Dich?"

Dieses Thema zielt zum einen darauf ab, Teilnehmern, die sich in der Schwellensituation „Eintritt in das Erwachsenenalter" befinden, die Möglichkeit zu geben, ihre bisherige Entwicklung (Stationen ihres Lebens) nachzuvollziehen und zu reflektieren. Zum anderen sollen sie sich der für sie sehr viel schwierigeren Aufgabe stellen, die noch vor ihnen liegenden Lebensphasen, damit verbundene Möglichkeiten und Grenzen, Verpflichtungen und Entscheidungen u. a. „durchzuspielen" und in bezug auf persönliche, individuelle Einstellungen zu hinterfragen. Das gemeinsame Gespräch zu dieser Thematik soll den Teilnehmern Einblick in die Vielgestaltigkeit von Lebensbezügen und in die individuell unterschiedliche Bewertung von scheinbar gleichen Lebensbedingungen geben.

Das Arbeitsblatt zum Thema begeistert die Teilnehmer, wie die Praxis gezeigt hat, immer wieder. – „Wie haben Sie das denn hingekriegt?" – „Die Bilder finde ich toll!" u. a.. Die im Bild illustrierten vier Lebensstationen werden von den Teilnehmern, so hat die Erfahrung gezeigt, ohne Probleme erfaßt und können ihnen zu einer ersten visualisierten Orientierung zum Thema verhelfen. Zu Aussagen über ihre Kindheitsphase fühlen sich in der Regel alle Teilnehmer spontan motiviert und auch kompetent. Über die Lebensphase des Altseins glauben zunächst oft einige Teilnehmer anfangs keine Aussage machen zu können, was im Verlaufe der Diskussion in den meisten Fällen widerlegt werden kann. Im Austausch über die Kindheitsphase wird in der Regel deutlich, daß hierzu sehr unterschiedliche Erfahrungen vorliegen. Interessant für alle Teilnehmer ist es oftmals, daß fast gleiche bzw. ähnliche Erlebnisse und Situationen im Verlauf der eigenen Kindheit von einigen Teilnehmern als eher frei, unbelastet und verspielt bewertet, von anderen aber als eher eingrenzend, bevormundend, kurz, als ein „Nicht-Dürfen" eingeschätzt und empfunden werden.

In der Übergangsphase vom Jugendlichen zum Erwachsenen sehen die meisten übereinstimmend vorrangig die Chance einer Umorientierung, vor allem in bezug auf eine berufliche, aber auch in bezug auf eine sexuelle, auf den andersgeschlechtlichen Partner bezogene Entwicklung sowie allgemein die Möglichkeit, als Person zu reifen und den dann zur Verfügung stehenden größeren Freiraum individuell zu gestalten und auszufüllen. Ängste, die in bezug auf die berufliche, aber auch persönliche Entwicklung im Gespräch durchaus geäußert werden, werden von den Jugendlichen schriftlich jedoch nur selten fixiert. Mit dem Lebensabschnitt des Altwerdens können die wenigsten Teilnehmer etwas Positives verbinden. Krankheit, Hilflosigkeit, Angst vor dem Tod, Abhängigkeit, Schmerz, Angst vor dem Altersheim waren die meistgenannten Assoziationen mit dem letzten Lebensabschnitt.

Die sich anschließende Wortschatzarbeit sowie Texterarbeitung verläuft in den meisten Fällen sehr unproblematisch und produktiv, da sich die Teilnehmer durch diese Thematik individuell besonders angesprochen fühlen. Viele der Teilnehmer

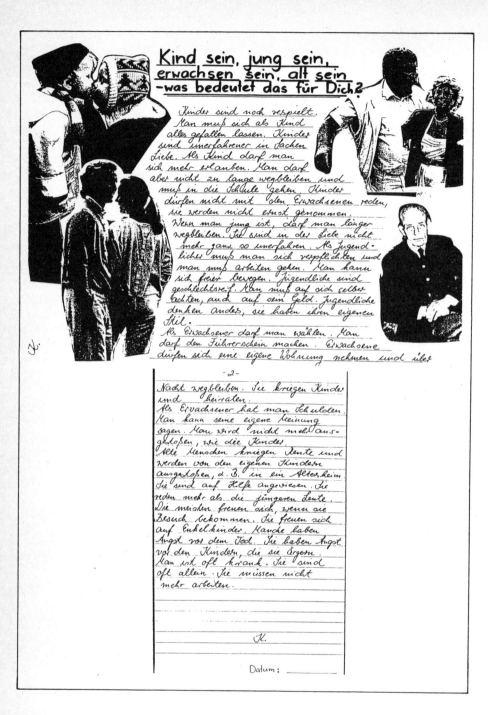

Abb. 7.3: Text eines Kursteilnehmers in Reinschrift, Originalgröße DIN-A2

zeigen sich gerade bei dieser Thematik bereit und motiviert, den gesamten Text als Diktat schreiben zu wollen, wobei sie die in die Kartei aufgenommenen Schlüsselwörter bei Unsicherheiten benützen dürfen und auch sollen. Diktate sollten aber nur dann erfolgen, wenn die Übungswörter gefestigt sind, damit die jeweiligen Teilnehmer nicht erneut entmutigt werden.

7.1.3 Themenbereich „Was ist der Sinn Deines Lebens?"

Die Thematik bedarf in den meisten Fällen, um von den Teilnehmern unserer Förderkurse sinnvoll und konstruktiv bearbeitet zu werden, einiger zusätzlicher Orientierungen bzw. Anregungen, die wir in Form eines Arbeitsblattes mit Aussagen von Jugendlichen zu diesem Thema den Teilnehmern anbieten.

Die meisten Teilnehmer sind an den Stellungnahmen der Jugendlichen sehr interessiert und diskutieren, wie die Praxis gezeigt hat, engagiert die Qualität der unter-

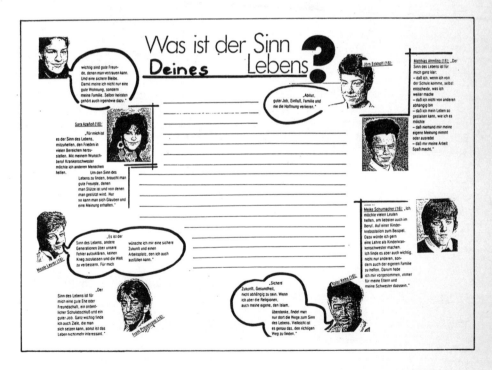

Abb. 7.4: Arbeitsmittel zum Thema „Was ist der Sinn deines Lebens?"; Originalgröße DIN-A3

schiedlichen Beiträge. Eine erste individuelle Standortbestimmung zum Thema nehmen die Teilnehmer durch Markierung (Textmarker) der Textstellen vor, deren Aussage sie sich anschließen können. In einem weiteren Arbeitsschritt ergänzen die Teilnehmer diese Auswahl durch eigene Beiträge. Die Einzelbeiträge sind in Anbetracht des sehr anspruchsvollen Themas, oftmals wie erwartet, quantitativ sehr begrenzt. Aus diesem Grunde bietet sich eine Zusammenfassung der einzelnen Beiträge der Teilnehmer zu einem Gruppentext an.

WAS IST DER SINN DEINES LEBENS ?

Zu H.　　Leben gehören ein eigenes Haus ebenso wie ein Auto und zwei eigene Kinder. Er möchte möglichst viel Geld verdienen, sehr alt werden und frei sein.

Wichtig sind für ihn viele Freunde und nicht krank zu werden.

J.　möchte der Natur helfen und verhindern, daß zu viele unnütze Sachen hergestellt werden. Für Jens besteht der Sinn des Lebens in der Natur und in der Freiheit zu leben.

Für N.　　ist es wichtig, sich mit ihren Eltern gut zu verstehen und mit ihren Geschwistern etwas zu unternehmen. Sie wünscht sich einen guten Job und hofft, daß sie ihn nicht wieder verliert. Nicole möchte immer die Geduld bewahren und möglichst nicht in Situationen kommen, alles hinzuschmeißen. Sie möchte mit ihrem Freund irgendwo hinfahren, etwas unternehmen, was Spaß macht und vieles mehr.

Für S.　　ist Musik hören ebenso wichtig wie eigenes Geld zu besitzen. Für ihn geht es im Leben vor allem darum, zu überleben.

S.　und alle anderen sind sich darin einig, daß zum Sinn des Lebens vor allem gute Freunde gehören, denen man vertrauen kann.

Die meisten sehen den Sinn des Lebens auch darin, für den Frieden in vielen vielen Bereichen des Lebens zu kämpfen.

K.　, J.　, K.　, H.　, S.　und H.　finden es wichtig, sich im Leben Ziele zu setzen.

Abb. 7.5: Reinschrift eines Eigentextes zum Thema „Was ist der Sinn deines Lebens?".
Die Äußerungen der Gruppenmitglieder wurden zusammengefaßt. Original-
größe DIN-A3

106

Der Gruppentext, der in diesem Fall den Teilnehmern als Reinschrift in vergrösserter Schreibmaschinenschrift angeboten wurde, wirkte wegen seiner Ähnlichkeit mit einem gedruckten Text zusätzlich motivierend, weil sich die Jugendlichen durch diese Form der Darbietung besonders ernstgenommen fühlten. Auch für die sich anschließende Lese- bzw. individuelle „Karteiarbeit" hat die „Plakatschrift" besondere Vorteile: Sie ist gut lesbar, und bei einer groß dimensionierten Vorlage lassen sich auch die Wortkarten gut zuordnen.

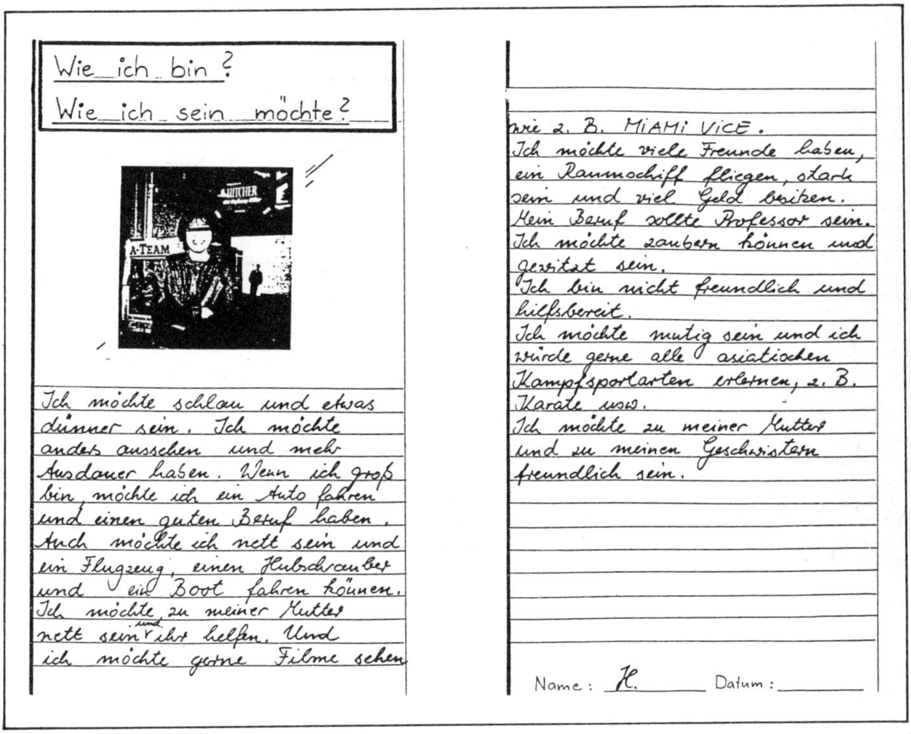

Wie ich bin?
Wie ich sein möchte?

Ich möchte schlau und etwas dünner sein. Ich möchte anders aussehen und mehr Ausdauer haben. Wenn ich groß bin, möchte ich ein Auto fahren und einen guten Beruf haben. Auch möchte ich nett sein und ein Flugzeug, einen Hubschrauber und ein Boot fahren können. Ich möchte zu meiner Mutter nett sein und ihr helfen. Und ich möchte gerne Filme sehen

wie z. B. MIAMI VICE. Ich möchte viele Freunde haben, ein Raumschiff fliegen, stark sein und viel Geld besitzen. Mein Beruf sollte Professor sein. Ich möchte zaubern können und gewitzt sein. Ich bin nicht freundlich und hilfsbereit. Ich möchte mutig sein und ich würde gerne alle asiatischen Kampfsportarten erlernen, z. B. Karate usw. Ich möchte zu meiner Mutter und zu meinen Geschwistern freundlich sein.

Name: H. Datum:

Abb. 7.6: Eigentext, Originalgröße DIN-A3

7.1.4 Themenbereich „Wie ich bin – wie ich sein möchte"

Diese Thematik zielt darauf ab, die Teilnehmer zu veranlassen, sich unmittelbar mit der eigenen Person zu beschäftigen – ihre Selbstsicht zu artikulieren und Entwicklungen zu beschreiben, die sie zu vollziehen wünschen. Derartige Themen können verantwortungsvoll nur dann in eine Gruppe hineingegeben werden, wenn man davon ausgehen kann, daß eine Vertrauensbasis zwischen Teilnehmern und Kursleiterin vorliegt und von seiten der Lehrkraft gewährleistet ist, daß mit der individuellen Intimsphäre jedes einzelne Teilnehmers sehr behutsam und respektvoll umgegangen wird. Schreibanlässe wie der hier vorliegende können, wie die Arbeit immer wieder gezeigt hat, zu einem Mehr an Information, an Verständnis für den anderen, an Kontakten und Kommunikation wie auch gegenseitiger Hilfestellung beitragen – aber nur, wenn die genannten Voraussetzungen gegeben sind. Um eine „Selbstbetrachtung" zu erleichtern, werden vor der eigentlichen „Texterarbeitung" Polaroid-Fotos von den Teilnehmern gemacht; und zwar deshalb, weil das Ergebnis unmittelbar vorliegt und die Teilnehmer über diesen eher emotionalen Zugang leichter für eine solche Thematik sensibilisiert werden können.

Die „Textfindung" vollzieht sich im Gegensatz zu den meisten anderen Themen nicht zwingend nach einer vorausgegangenen gemeinsamen Diskussion, sondern sollte auf möglichen Wunsch der Teilnehmer auch in Einzelarbeit durchgeführt werden. Gemeinsamer Austausch wird natürlich auch hier angestrebt, kann sich aber nur entsprechend der individuellen Bedürfnislage der einzelnen Teilnehmer ergeben. Die Reinschriften der Arbeitsergebnisse mit Foto haben für die meisten Teilnehmer einen hohen motivationalen Wert. Versehen mit einem solchen „respektablen Schreibprodukt" ist es den Teilnehmern in der Regel möglich, sich den Fragen „Wie ich bin – Wie ich sein möchte" auch vor der Gruppe zu stellen.

7.1.5 Themenbereich „Wovor haben sie Angst? – Kennst Du auch solche Angst?"

Angst ist ein Alarmsignal für einen drohenden Verlust von Umweltkontrolle und insofern biologisch sinnvoll (vgl. HOLTZ und KRETSCHMANN 1982). Zu seinen Ängsten zu stehen, sich mit seinen Ängsten darzustellen, ist jedoch in unserer Gesellschaft, die erfolgs- und leistungsorientiert ist, in der nur wenig Platz für „Schwächen" zu sein scheint, noch immer unüblich, bzw. weitestgehend tabuisiert. Jugendliche befinden sich in einem Altersabschnitt, in dem es für sie zumeist von besonderem Interesse ist, als stark, mutig, kompetent, angstfrei und furchtlos zu gelten. Dennoch sind Ängste in jedem Lebensalter Realität.

Daß Ängste etwas ganz „Normales" sind, etwas, das zum Leben dazugehört, daß Angst auch eine wichtige Schutzfunktion hat – dies zu vermitteln ist das Ziel die-

Abb. 7.7: Arbeits- und Diskussionsgrundlage zu dem Thema „Wovor haben sie Angst?“; Originalgröße DIN-A3

109

ser Arbeitseinheit. Um den Teilnehmern einen angstfreien Umgang mit dem Thema Angst zu ermöglichen, bieten wir ihnen ein Arbeitsblatt mit Stellungnahmen von Menschen an, die allein aufgrund ihrer extrem gefährlichen Berufe ein besonderes Verhältnis zur Angst haben.

Nach der Diskussion der verschiedenen Beiträge dieser auf den ersten Blick so furchtlos wirkenden Menschen ist die Atmosphäre in der Gruppe in der Regel so entspannt, daß es den Teilnehmern zum Teil möglich wird, lachend und frei über ihre Ängste zu sprechen. In dem einen oder anderen Fall hat das Lachen wohl eher eine Schutzfunktion. Bei der überwiegenden Mehrzahl der Teilnehmer zeigt sich jedoch an der sehr gelösten Erzählweise immer wieder, daß die Möglichkeit zur Angstäußerung, die ihnen hier geboten wird, sehr entlastend für sie ist und daß mit dieser Thematik ein offensichtlich zentrales Bedürfnis der Teilnehmer angesprochen wird.

Kennst Du auch solche Ängste ?

ANGST

Angst habe ich, seitdem ich "Geisterbeschwören" gemacht habe.
Manche glauben nicht daran. Ich habe auch erst nicht daran ge=
glaubt.Da habe ich es einmal ausprobiert.
Eines nachts habe ich von einem Teufel geträumt,der in einem
sehr tiefen Tunnel wohnt. Ich saß oben drauf und rotzte immer
dort hinein,wo er rauskommen wollte.Ich wollte abhauen, aber
er holte mich..............ENDE.

ANGST VOR DEM KELLER

Einmal war ich im Keller und wollte was holen.Ich habe das Licht
angemacht und war fast an der Kellertür,als das Licht ausging.
Ich hörte so komische Geräusche.Da kamen zwei Lichter auf mich
zu.Ich hatte Angst,daß die beiden Lichter mich töten würden.
Auf einmal ging das Licht an und meine Mutter kam.
..........Ich war ganz schön froh.

Abb. 78: Reinschrift in Plakatschrift; Originalgröße DIN-A3

MEINE TRAUMFRAU

Meine Traumfrau soll ein schönes Gesicht und einen guten
Charakter haben und niedlich sein. Sie soll viel Unternehmungsgeist und einen schönen "Allerwertesten" haben. Sie soll eine
gute Hausfrau sein, gut kochen können, ein Auto fahren, Video
gucken, gerne Essen gehen und sportlich sein.

Ich muß Vertrauen zu ihr haben. Sie kann alles machen, aber nicht
mit anderen ins Bett gehen. Sie kann auch bei einer anderen
Frau schlafen, aber nicht mit ihr.

Aber wenn sie es einmal tut, dann soll sie es mir sagen. Sie
soll ehrlich zu mir sein.

Abb. 7.9: Eigentext zum Thema „Meine Traumfrau", Reinschrift; Originalgröße DIN-A3

MEIN TRAUMMANN

Mein Traummann sollte blonde Haare und braune Augen haben. Er
sollte groß sein und einen guten Charakter haben. Er sollte
3 - 4 Jahre älter sein als ich. Er sollte nicht dumm sein, wenig
trinken und sollte sich für Fußball interessieren.

Er sollte sportlich sein.

Abb. 7.10: Eigentext zum Thema „Mein Traummann", Reinschrift; Originalgröße DIN-A3

Die Texterarbeitung, sowohl die Lese- als auch die Wortschatzarbeit ist, wie die Förderpraxis gezeigt hat, bei den vielen interessanten Schlüsselwörtern sehr lebendig und deshalb auch sehr erfolgreich.

7.1.6 Themenbereich „Meine Traumfrau/Mein Traummann"

Ein sehr beliebter Schreibanlaß, insbesondere für Teilnehmer, die sich an der Schwelle zum Eintritt in die Welt der Erwachsenen befinden, ist der Themenbereich „Meine Traumfrau/Mein Traummann". Unter dieser Thematik können Wünsche, Träume und Phantasien verschriftlicht werden, die die Jugendlichen gerade in ihrer jetzigen Entwicklungsphase intensiv beschäftigen. Im gemeinsamen Austausch können Vorstellungen bestätigt, andere überdacht und revidiert, sowie neue Aspekte übernommen werden.

Abb 7.11: Schreibprodukt eines Teilnehmers. Die richtig geschriebenen Wörter wurden von der Kursleiterin hervorgehoben; Originalgröße DIN-A4

In einer koedukativen Förderung hat dieses Thema darüber hinaus seinen besonderen Reiz. Hier können vor allem die z. T. in der Vorstellung sehr idealtypischen „Traumfrauen/Traummänner“ im gemeinsamen Gespräch sowohl im Hinblick auf ihren Wert für eine gute Partnerschaft als auch in bezug auf ihre Einlösbarkeit in der Realität zurechtgerückt werden.

Die aktive Auseinandersetzung der Jugendlichen mit einem solchen Thema, das Offenbaren (Verschriftsprachlichen) ihrer Träume gibt vielen von ihnen die Möglichkeit, sich öffentlich einmal ganz anders zu zeigen, den gewohnten Einordnungen und Einschätzungen eine andere, wenn auch „traumhafte“ Selbstsicht entgegenzuhalten.

Meine Traumfrau

Meine Traumfrau soll ein schönes Gesicht und einen guten Charakter haben und niedlich sein. Sie soll viel Unternehmungsgeist und einen schönen "Allerwertesten" haben. Sie soll eine gute Hausfrau sein, gut kochen können, ein Auto fahren, Video gucken, gerne Essen gehen und sportlich sein. Ich muß Vertrauen zu ihr haben. Sie kann alles machen, aber nicht mit anderen ins Bett gehen. Sie kann auch bei einer anderen Frau schlafen, aber nicht mit ihr. Aber wenn sie es einmal tut, dann soll sie es mir sagen. Sie soll ehrlich zu mir sein.

Name: H. Datum:

Abb. 7.12: Der in Abb. 7.11 dargestellte Text in Reinschrift

Der Themenkomplex „Träume" eignet sich besonders gut zu einer Vertiefung des adjektivischen Wortschatzes (hier: Eigenschaften von Menschen). Das in den *Abb. 7.11* und *7.12* dargestellte Arbeitsergebnis eines Teilnehmers demonstriert eine Art der Korrektur von Texten, die vor allem bei Teilnehmern besondere Motivation erzielen kann, die in der Rechtschreibung und im Satzbau große Defizite aufweisen.

Das Einkreisen der richtig geschriebenen Wörtern bewirkt eine Hervorhebung der gegenwärtigen Kompetenzen und macht Mut, die im Vergleich *dazu* geringen Defizite in Angriff zu nehmen. Dabei ist die Reinschrift, wie für diesen Teilnehmer, eine unerläßliche Vergleichs- und Korrekturhilfe. Manche Teilnehmer verfügen über Rechtschreibkenntnisse, die sich jedoch aufgrund ihrer vielen Mißerfolgserlebnisse und der sich daraus entwickelten tiefen Verunsicherung nur sehr zögernd aktivieren lassen. Die dargestellte Vorgehensweise der optischen Bewußtmachung von bereits vorhandenen Kenntnissen und Lernfortschritten kann hier auf verhältnismäßig schnellem Wege dazu beitragen, die vorhandenen Barrieren zu durchbrechen.

7.2 Berufsvorbereitung — Berufsperspektiven

7.2.1 Berufswahl als Entwicklungsaufgabe

Aus der Sicht der Individualpsychologie ADLERS kommt den sog. Schwellensituationen, wie z. B. dem Eintritt des Jugendlichen in das Berufsleben, besondere Bedeutung in bezug auf die Persönlichkeitsentwicklung des Individuums zu. In diesen Situationen zeigt sich besonders deutlich, inwieweit der Mensch auf das Leben, auf die Lebensaufgaben vorbereitet ist bzw. inwieweit er sich u.a. durch „Verwöhnung" oder „Vernachlässigung" im Laufe seiner Entwicklung dazu veranlaßt gesehen hat, mehr auf der „unnützlichen Seite des Lebens" nach Anerkennung und Geltung zu streben (vgl. ADLER, 1983). Nach ADLER versucht ein entmutigtes Kind mehr als ein „gesundes", den Anfeindungen und Mißerfolgen des Lebens zu entfliehen. Es ist ständig bemüht, die Gegebenheiten seines Umfeldes abzutasten und diese unaufhörlich auf ihre Vor- und Nachteile hin zu prüfen, zu messen und zu vergleichen (vgl. ADLER 1973; SCHMIDT, 1982).

Das subjektive Gefühl der Schwäche, hervorgerufen durch Entmutigung, führt nach ADLER zu der Angst, nicht anerkannt und für wertlos befunden zu werden. Diese Angst geht immer einher mit einem Rückzug von der Gemeinschaft, überzogenem Sicherungsverhalten und Aggressionen. Diese Angst vor dem Versagen und vor Mißerfolgen führt dazu, daß das Individuum vermehrt den Anforderungen des Lebens aus dem Wege geht, wodurch ein circulus vitiosus entsteht. Mangelnde Leistung entmutigt, führt zu Zweifeln an der eigenen Tauglichkeit; das

Gefühl der Minderwertigkeit und Unzulänglichkeit erzeugt Furcht vor Versagen und drängt von dem realen Lebensvollzug in die Scheintätigkeit ab (vgl. MÜLLER, 1973).

Um entmutigte Jugendliche in der Schwellensituation „Einstieg ins Berufsleben" von der Ebene der Scheintätigkeit zu lösen, ist es unverzichtbar, den Mechanismus des circulus vitiosus zu durchbrechen und ihnen die reale Situation möglichst transparent zu machen. Ziel muß es sein, die Jugendlichen zu ermutigen, ihre Haltung der Verdrängung, der Passivität und des Rückzuges aufzugeben und sie erkennen zu lassen, daß sie sich in einer aktiven Auseinandersetzung mit ihren Problemen deren Lösungen am effektivsten nähern können.

7.2.2 Angebote zur Berufswahl

Individualisierende Lernangebote zur Berufsvorbereitung sowie zur Berufsperspektive müssen, wenn sie stark entmutigte Jugendliche erreichen wollen, stets die subjektive Sichtweise des einzelnen, die ihn umgebenden Lebenszusammenhänge und -bedingungen sowie den individuellen Erfahrungs- und Erlebnishintergrund miteinbeziehen. Sie sollen es ermöglichen, den Jugendlichen bei seinen Möglichkeiten „abzuholen" − bei gleichzeitiger Betonung des Wertes seiner Möglichkeiten für die Gemeinschaft bzw. des Ganzen. Individualisierung, die nicht Vereinzelung, sondern Hinführung zur Gemeinschaft zum Ziel hat, ist ein unabdingbares „Muß" bei der Förderung stark entmutigter Jugendlicher, deren primäres Problem in Leistungsdefiziten, verbunden mit einem gleichzeitigen Rückzug von der Gemeinschaft zu sehen ist.

Aus individualpsychologischer Perspektive kommt es, bezogen auf eine gesunde Identitätsfindung (die Entwicklung eines gesunden Selbstwertgefühls), auf die Haltung des einzelnen zur Gemeinschaft und dem Ganzen sowie auf sein Gefühl des Eingebundenseins in zwischenmenschliche Beziehungen an (vgl. ADLER, 1974). Durch die Auseinandersetzung der Jugendlichen mit diesem sie äußerst belastenden Themenbereich soll versucht werden, sie aus ihrer gedanklichen und emotionalen Isolation im Hinblick auf ihre tiefsitzende Mut- und Perspektivlosigkeit zu lösen und sie im Zuge der Gespräche innerhalb der Gruppe zum verbalen wie auch schriftsprachlichen Austausch untereinander zum Thema zu veranlassen. Der gegenseitige Austausch soll ihnen helfen zu erfahren, daß sie mit ihren Ängsten und ihren Betroffenheiten nicht allein sind. Er soll zum einen schädigende Kausalattribuierungen abbauen, zum anderen ihnen eine Möglichkeit geben, sich aktiv Kenntnisse bezüglich ihrer Berufs- und Ausbildungsmöglichkeiten anzueignen, was wiederum eine *mehr realistische ermutigende Sichtweise ihrer persönlichen Chancen und Möglichkeiten, aber auch der real gegebenen Grenzen,* fördern soll.

Die Förderung hat zwei Schwerpunkte, die in der praktischen Durchführung miteinander verflochten sind. Der erste, der *inhaltliche*, soll eine breitangelegte schriftsprachliche Auseinandersetzung der Jugendlichen mit ihrem Eintritt ins Erwerbsleben umfassen, wobei der Eigentext als zentrales methodisches Mittel dienen soll. In diesem Schwerpunkt sollen durch Verschriftlichung von Themenbereichen wie z. B. Berufswünschen, Arbeitslosigkeit, Elternerwartungen Ängste vor dem Einstieg ins Erwerbsleben genommen werden. Mit dem zweiten Schwerpunkt wollen wir den Jugendlichen ermöglichen, sich die *schriftsprachlichen* Kenntnisse und Fertigkeiten, die dafür benötigt werden, anzueignen. Im folgenden soll anhand von Beispielen aus der Förderpraxis dargestellt werden, welche Themen, Themenschwerpunkte bzw. thematische Ansätze sich als besonders geeignet für die angestrebten Zielsetzungen unter diesen Themenbereich erwiesen haben.

7.2.3 Themenbereich „Mein Traumberuf – Mein Berufswunsch"

Die Berufs- und Ausbildungsperspektiven der Jugendlichen stellen sich, wie im vorangegangenen ausführlich aufgezeigt, in Anbetracht der gegenwärtigen, gerade für diese Zielgruppe ungünstigen Arbeits- und Ausbildungsmarktlage, wenig hoffnungsvoll dar. Um nicht Gefahr zu laufen, die bei vielen vorhandene fatalistische Einstellung in bezug auf die Thematik zusätzlich zu verstärken, wählen wir für den Einstieg einen phantasieanregenden, emotionale „Enge" vermeidenden und motivationsfördernden Auftakt. Mit dem freien Schreibanlaß „Mein Traumberuf" gelingt es in der Regel, wie die Förderpraxis gezeigt hat, die Teilnehmer für diese Thematik zu gewinnen und sie zu einem Eigentext zu motivieren.

Immer wieder werden wir mit den manifestierten Verweigerungshaltungen der Teilnehmer konfrontiert, die dann besonders massiv auftreten können, wenn sie sich zusätzlich zu den schriftsprachlichen Anforderungen einem Thema gegenübergestellt sehen, das versucht, negative Erfahrungen und Befürchtungen anzusprechen und zu reflektieren. So kann es selbst bei einem „Traumthema", das die Teilnehmer in der Regel mit Begeisterung verschriftlichen, zu einer anfänglichen Ablehnung kommen. Hier muß der Kursleiter verstärkt darum bemüht sein, einer Vereinzelung der Teilnehmer entgegenzuwirken und ihnen innerhalb der Gruppe dazu zu verhelfen, daß sie sich als Person wahrgenommen fühlen; daß sie als Person durch die Darstellung ihrer Eigentexte eine Aufwertung erfahren.

Das individualisierende Prinzip der Eigentexte in Verbindung mit der Thematik „Mein Traumberuf" ist besonders geeignet, die Jugendlichen dazu zu veranlassen, in einen ermutigenden Austausch über eigene Ängste, Befürchtungen aber auch mögliche Perspektiven hinsichtlich des bevorstehenden Berufsweges zu treten. Ein entsprechendes Arbeitsergebnis zeigt die *Abb. 7.13*.

116

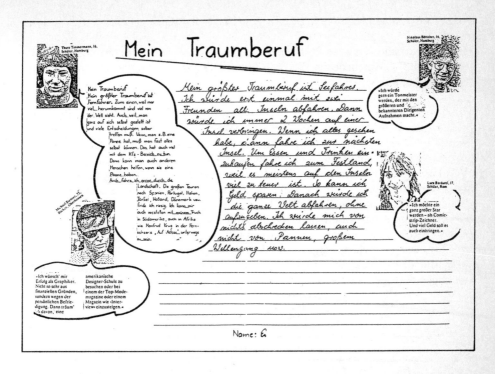

Abb. 7.13: Reinschrift eines Eigentextes aus dem Bereich „berufsbezogene Themen"; Originalgröße DIN-A3

Der oben beschriebene gemeinsame Dialog kann mit Bild- und Schriftmaterial der Arbeitsverwaltung fortgesetzt und ergänzt werden.

Das im Anschluß an die Erarbeitung von den einzelnen Teilnehmern der Gruppe vorgestellte individuelle Arbeitsergebnis veranlaßt die Teilnehmer, anders als bei der vorangegangenen Thematik „Mein Traumberuf", sich nun vermehrt realitäts-bezogen zu ihren Berufsperspektiven und den damit verbundenen Möglichkeiten und Grenzen zu äußern.

7.2.4 Themenbereiche „Arbeit", „Arbeitslosigkeit", „Freizeit"

Für die Bearbeitung dieser Problematik eignen sich Fragen wie „Was bedeutet für Dich Arbeit?", „Was bedeutet für Dich Freizeit?", „Was verbindest Du mit Arbeitslosigkeit?" u. a.

Das Thema „Arbeitslosigkeit" ist nicht unproblematisch, zumal wenn Teilnehmer bereits eigene Erfahrungen mit Arbeitslosigkeit gemacht haben. Um mit diesem Thema nicht eine passiv/depressive Atmosphäre zu erzeugen, ist es sinnvoll, Handlungsperspektiven aufzuzeigen durch die Bearbeitung von Fragestellungen wie z. B. „Was kann man tun, um nicht arbeitslos zu werden?" – „Kann jeder einzelne hier etwas dazu beitragen?" – „Wie kann ich Zeiten von Arbeitslosigkeit für mich persönlich nutzbar machen?" – „Wie kann ich die „erzwungene" Freizeit sinnvoll nutzen?". Durch die Auseinandersetzung mit diesem Themenschwerpunkt gelingt es in der Regel, die Teilnehmer erkennen zu lassen, daß die Antwort auf eine Bedrohung, wie sie Arbeitslosigkeit darstellt, im praktischen Tun, in Aktivitäten besteht, die dazu geeignet sind, Hoffnung zu bewahren und fatalistischen Einstellungen entgegenzuwirken.

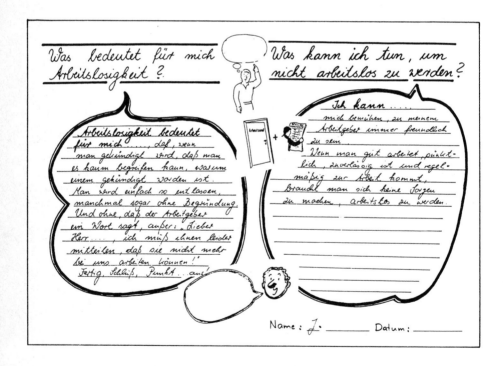

Abb. 7.14: Reinschrift eines Eigentextes zum Thema „Arbeitslosigkeit"; Originalgröße DIN-A3

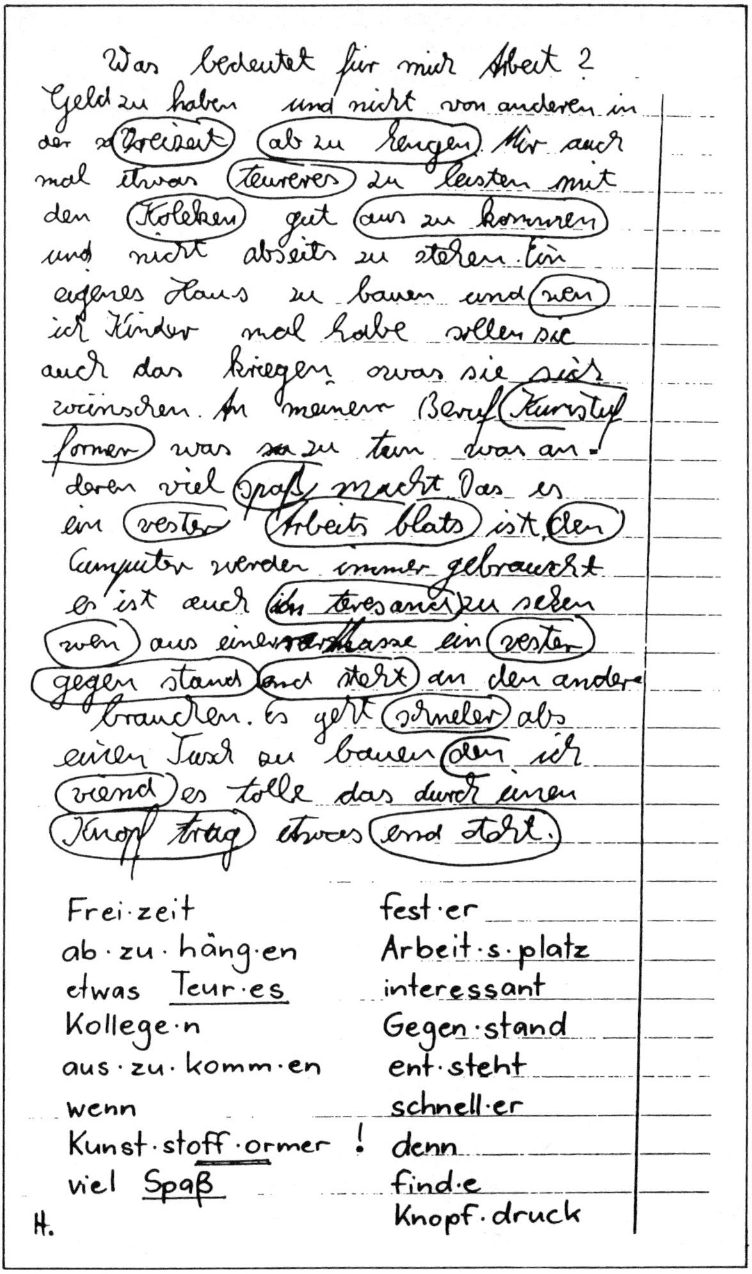

Was bedeutet für mich Arbeit?
Geld zu haben und nicht von anderen in
der (Freizeit) (ab zu hengen) *Mir auch*
mal etwas (teureres) *zu leisten mit*
den (Kolegen) *gut* (aus zu kommen)
und nicht abseits zu stehen. Ein
eigenes Haus zu bauen und (wen)
ich Kinder mal habe sollen sie
auch das kriegen was sie sich
wünschen. In meinem Beruf (Kunstof
former) *was zu zu tun was an-*
deren viel (Spaß) *macht. Das es*
ein (vester) (Arbeits blats) *ist.* (den)
Computer werden immer gebraucht
es ist auch (en teresant) *zu sehen*
(wen) *aus einer Masse ein* (vester)
(gegen stand) (und stert) *an den ander*
brauchen. es geht (srneler) *als*
einen Tust zu bauen (den) *ich*
(viend) *es tolle das durch einen*
(Knopf trug) *etwas* (end stert)

Frei·zeit   fest·er
ab·zu·häng·en   Arbeit·s·platz
etwas <u>Teur</u>·es   interessant
Kollege·n   Gegen·stand
aus·zu·komm·en   ent·steht
wenn   schnell·er
Kunst·stoff·ormer !   denn
viel <u>Spaß</u>   find·e
H.   Knopf·druck

Abb. 7.15: Scheibprodukt eines fortgeschrittenen Kursteilnehmers. Die Kursleiterin hat die zu verbessernden Wörter markiert und die richtige Schreibweise (morphemgegliedert) dazugetragen

Im vorigen Abschnitt wurde gezeigt, wie durch das Einkreisen richtig geschriebener Wörter einem Teilnehmer seine bisher erreichten Kompetenzen verdeutlicht wurden. Bei dem zuletzt gezeigten Beispiel wird der umgekehrte Weg beschritten: durch das Hervorheben nicht richtig geschriebener Wörter soll der Teilnehmer ermutigt werden, das wenige, was noch korekturbedürftig ist, in Angriff zu nehmen. Diese Vorgehensweise bei der Korrektur wird vor allem von Teilnehmern bevorzugt bzw. angestrebt, die sich in der Lage sehen, offensiv mit ihren Defiziten umzugehen. Diesen Teilnehmern ist es im Verlaufe der Förderung möglich geworden, vor allem durch das Erfahren und Umsetzen neuer erfolgversprechender Lernstrategien, durch Erfolgshandeln, Verdrängungsmechanismen und Vermeidungssttrategien aufzugeben. Diesen Teilnehmern wird zur Selbstkorrektur sowohl die Reinschrift als auch das eigene Arbeitsergebnis mit der dazugehörigen Korrektur der „nicht richtig" geschriebenen Wörter, in Morpheme gegliedert, zur Verfügung gestellt.

Die Vorgehensweise zielt auch darauf ab, Teilnehmer besser erkennen zu lassen, daß ihre Schwierigkeiten nur noch *im Nachdenken über einen inhaltlichen Rahmen und der gleichzeitigen Verschriftlichung* liegen. Diese Erkenntnis setzt bei den Teilnehmern häufig Energien frei, die ihnen mit der Zeit zu weiteren Erfolgen verhelfen.

7.2.5 Bewerbungen und Vorstellungsgespräche

Ob Jugendliche von der Berufsberatung für eine qualifizierende Maßnahme oder gar für eine Ausbildungsstelle auf dem freien Arbeitsmarkt vorgesehen werden, hängt u. a. von ihrem Verhalten im Vorstellungsgespräch bei der Berufsberatung ab. Die Chancen der Jugendlichen verbessern sich, wenn sie keinen passiven und überforderten Eindruck machen; wenn sie sich darstellen und äußern können, daß sie nicht von falschen Vorstellungen ausgehen, daß sie wissen, was sie wollen usw. Ebenso wichtig ist das Wissen um die Unterlagen, die zu einer Bewerbung gehören und deren korrekte Anfertigung. Das Vorstellungsgespräch und die Anfertigung von Bewerbungsunterlagen bilden somit einen weiteren Schwerpunkt des Themenbereiches Berufsvorbereitung/Berufsperspektiven.

Auf einem Arbeitsblatt geben wir ein Beispiel, wie ein Vorstellungsgespräch ablaufen kann. Das gleiche Gespräch haben wir auch auf Kassette aufgezeichnet. Mit diesen Arbeitsmitteln sollen die Teilnehmer die für sie sehr schwierige Aufgabe der Perspektivenübernahme üben – gerade weil viele Teilnehmer oft zu sehr auf die eigene Person fixiert sind und nur selten versuchen, Beweggründen und Bedürfnissen anderer Beachtung zu schenken. Infolgedessen sind sie in sozialen Situationen oft nicht in der Lage, situationsadäquat zu reagieren.

Aufgabe: Überleg einmal, was Anton hätte besser machen können!

WER BIST DENN DU?
HAST DU NOCH NIE ETWAS VON
ANKLOPFEN GEHÖRT?

NICHT 'DRAN GEDACHT,..EH!
ICH BIN ANTON BECKER!
ICH SOLL MICH HIER VORSTELL?
...ODER WAS ?!

DANN SETZ' DICH 'MAL HIN ...
HABEN SIE DIR BEI DER BERUFS-
BERATUNG NICHT GESAGT , DAß
DU ZWISCHEN 13.oo UND 16.oo UHR
KOMMEN SOLLTEST?

KLAR,HABEN SIE !
ABER ICH WAR GERADE HIER IN
DER GEGEND UND DACHTE, ...
'GUCK GLEICH MAL 'REIN ..... JE
SCHNELLER, JE BESSER !

NA JA, ANTON ....
NUN ERZÄHL' MIR ERST EINMAL,
WARUM DU GERADE KFZ- MECHANIKER
WERDEN WILLST....?

KFZ- MECHANIKER FIND' ICH ECHT
SPITZE ... SO 'MIT AUTOS
UND SO ! ICH BIN AUCH SCHON 'MAL
MIT DEM WAGEN VON MEINEM VATER
SO 'RUMGEHEIZT ....!

– 2 –

Abb. 7.16a: Arbeitsmittel zum Thema „Bewerbung": fiktives Vorstellungsgespräch, das den Teilnehmern auch auf Cassette zu Verfügung steht

Abb. 7.16b: Arbeitsmittel zum Thema „Bewerbung": fiktives Vorstellungsgespräch, das den Teilnehmern auch auf Cassette zu Verfügung steht

Abb. 7.16c: *Arbeitsmittel zum Thema „Bewerbung": fiktives Vorstellungsgespräch, das den Teilnehmern auch auf Cassette zu Verfügung steht*

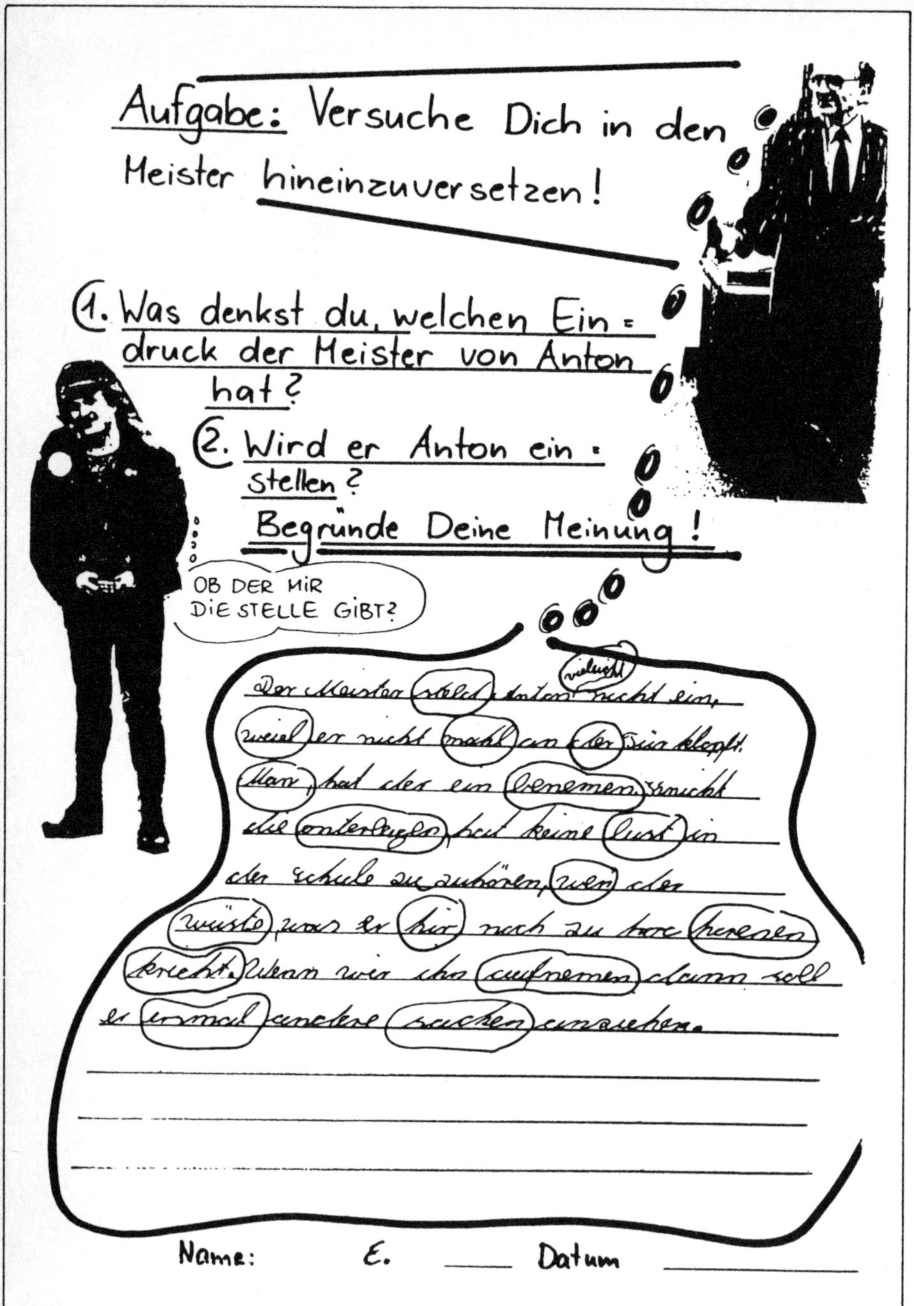

Aufgabe: Versuche Dich in den Meister hineinzuversetzen!

1. Was denkst du, welchen Eindruck der Meister von Anton hat?
2. Wird er Anton einstellen?
   Begründe Deine Meinung!

OB DER MIR DIE STELLE GIBT?

Der Meister stellt Anton (vielleicht) nicht ein, weil er nicht mahl an der Tür klopft. Man hat eder ein benemen, raucht die Unterlagen, hat keine Lust in der Schule zu zuhören, wen der wüste was er hir nach zu hören bekriecht. Nehmen wir ihn aufnemen, dann soll er ermal andere sachen einsuchen.

Name: E. ____ Datum ____

Abb. 7.17: Schreibprodukt eines Teilnehmers zum Thema „Bewerbung"

Sich mit Hilfe des Arbeitsblattes in die Person des Meisters hineinzuversetzen und zu versuchen, die eigene Bewertung des Vorstellungsgesprächs zu verschriftlichen (dies kann sowohl selbständig als auch durch die Kursleiterin in Form eines Protokolls vorgenommen werden) ist eine Aufgabe, die, wie die Praxis gezeigt hat, alle Teilnehmer mit viel Interesse, Engagement und Einsichtsfähigkeit zu lösen versuchen.

Die Teilnehmer erleben fast ausnahmslos das Vorstellungsgespräch wegen seiner Unmittelbarkeit und geringeren Planbarkeit als weitaus belastender und schwieriger als die vergleichsweise eher formalen schriftsprachlichen Anteile einer Bewerbung. Aus Sicht der Jugendlichen bedeutet ein Vorstellungsgespräch nicht primär eine Chance, sondern fast ausschließlich die Gefahr, die eigenen Defizite und Unzulänglichkeiten offenbaren zu müssen. Durch die Diskussion einer persönlichen Vorstellung soll es den Teilnehmern möglich werden, einen verbesserten Einblick in die Strukturen, Absichten und Ziele eines Bewerbungsgesprächs zu erhalten. Wichtig ist, daß die Teilnehmer im Verlaufe des gemeinsamen Austauschens erfahren, daß das persönliche Vorstellungsgespräch eine Chance bietet, den Gesprächspartner für sich einzunehmen. Dieses können die Teilnehmer jedoch nur leisten, wenn sie erkennen, daß ein ganz bestimmtes äußeres Erscheinungsbild und ganz bestimmte Verhaltensweisen ganz bestimmte Wirkungen erzielen. Durch die Verschriftlichung und den gemeinsamen Austausch der persönlichen Antworten der Teilnehmer auf die Fragen des Meisters können sie Denkanstöße erhalten, welche Verhaltensweisen und welche Erscheinungsformen eher zu einem positiven Ergebnis führen können, was sie in die Lage versetzen kann, sich zukünftig solch einer Situation mit vermehrter Handlungskompetenz und einem Weniger an Ohnmachtsgefühl zu stellen.

Die Anfertigung individueller Bewerbungsunterlagen stellt die Jugendlichen ebenfalls vor erhebliche Probleme. Mit Hilfe der angebotenen Arbeitsmittel sehen sich die Jugendlichen oft erstmals in der Lage, Bewerbungsunterlagen (Lebenslauf, Bewerbungsschreiben) anzufertigen, die von der äußeren Form sowie von der inhaltlichen Ausgestaltung den Anforderungen, die an Bewerbungsunterlagen üblicherweise gestellt werden, entsprechen. Besonders wichtig ist es für die Teilnehmer, daß sie mit diesen Arbeitsmitteln ein „Werkzeug" an die Hand bekommen, das ihnen über die Förderung hinaus als Informations-, Anschauungs- und (selbstinstruierendes) Hilfsmaterial beim Erstellen schriftlicher Bewerbungen dienen kann.

Die Zielgruppe der Jugendlichen unterhalb des Hauptschulabschlusses, aber auch ehemalige Sonderschüler, stehen im Verlaufe ihres Berufsfindungsprozesses immer wieder vor der Situation, sich zwischen „schnellem Geld" und einer qualifizierenden, eher mühsamen und langwierigen Berufsausbildung entscheiden zu müssen. Je nach der situativen Befindlichkeit, je nach subjektiver Einschätzung der eigenen Perspektiven, Möglichkeiten und Chancen, entschließen sich die Jugendlichen für die eine oder andere Alternative. Allzu oft jedoch, wie unsere Erfahrungen zeigen, entscheiden sich die Jugendlichen für das „schnelle Geld", weil

<u>SCHEMA FÜR EINEN TABELLARISCHEN LEBENSLAUF</u>

Tabellarischer Lebenslauf

Vorname Name   :

Geburtstag   :
Geburtsort

Familienstand   :
(Kinder)

Schulbesuch,   :
Schulabschlüsse

Wehrdienst/   :
Zivildienst

Berufsausbildung   :

Berufstätigkeit   :

Arbeitslosigkeit   :

Fortbildung   :

Umschulung   :

Berufserfahrungen/   :
Berufliche Kenntnisse

Besondere Kenntnisse/   :
Fertigkeiten

Führerschein   :

Ort, Datum   Unterschrift

Abb. 7.18a: Arbeitshilfen zum Erstellen eines Lebenslaufs

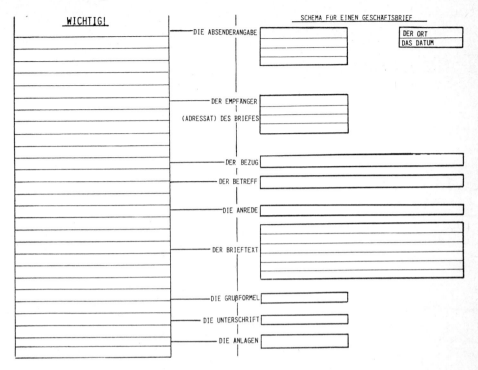

Abb. 7.18b: Arbeitshilfen zum Erstellen eines Lebenslaufs

sie vielfach davon ausgehen, einer Berufsausbildung nicht gewachsen zu sein und das nötige Durchhaltevermögen nicht aufbringen zu können.

Eine weitere sehr schwerwiegende und schwierige Entscheidung für die Zielgruppe besteht darin, sich bei der momentanen Enge des Ausbildungsmarktes für ein mehr an Flexibilität im Hinblick auf die Berufswahl „durchzuringen" oder aber mit großer Zähigkeit zu versuchen, den Berufswunsch zu verwirklichen.

Die Praxis hat gezeigt, daß sich die Jugendlichen durchaus im Verlaufe ihres Berufsfindungsprozesses in das oben beschriebene Spannungsfeld von Entscheidungen geraten zu können. Für die Jugendlichen ist es wichtig, die für sie persönlich so weitreichenden Entscheidungen nicht unter Zeitdruck treffen zu müssen und die Förderung auch dazu zu nutzen, im Austausch mit anderen Teilnehmern ein Stück Klarheit und Orientierung hinsichtlich dieser Fragen zu gewinnen. Die Beiträge spiegeln, wie *Abb. 7.19* zeigt, überwiegend die Bereitschaft der Jugendlichen, sich flexibel den Möglichkeiten und Erfordernissen des Arbeits und Ausbildungsmarktes anpassen zu wollen, um nicht in die ihnen sehr viel bedrohlicher erscheinende Situation der Arbeitslosigkeit zu gelangen.

Gerade der Themenkomplex „Berufsvorbereitung/Berufsperspektiven" zeigt uns immer wieder, daß hier durch das Medium „Eigentext" die Teilnehmer schrift-

127

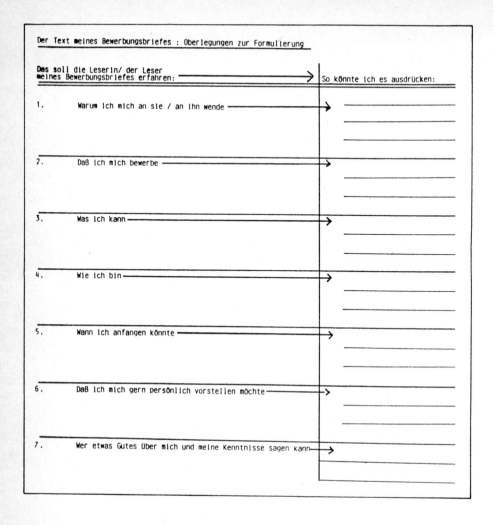

Der Text meines Bewerbungsbriefes : Überlegungen zur Formulierung

Das soll die Leserin/ der Leser
meines Bewerbungsbriefes erfahren: ⟶ | So könnte ich es ausdrücken:

1. Warum ich mich an sie / an ihn wende ⟶

2. Daß ich mich bewerbe ⟶

3. Was ich kann ⟶

4. Wie ich bin ⟶

5. Wann ich anfangen könnte ⟶

6. Daß ich mich gern persönlich vorstellen möchte ⟶

7. Wer etwas Gutes über mich und meine Kenntnisse sagen kann ⟶

Abb. 7.18c: Arbeitshilfen zum Erstellen eines Lebenslaufs

sprachlich sehr stark aktiviert werden und gleichzeitig im Zuge dieses Aktivierungsprozesses zu einem erheblichen Ausbau ihrer Handlungskompetenz gelangen.

Die schnellen Anfangserfolge, die den Jugendlichen durch die Methode der „Reinschrift" *unmittelbar* sichtbar gemacht werden, die Erkenntnis, daß sie zu einem solchen Thema qualifizierte Beiträge verschriftlichen können, läßt ihre Ängste und Zwänge langsam zugunsten einer aktiveren und mutigeren Arbeitshaltung zurücktreten. Das Rahmenthema „Berufsvorbereitung" vermag die Teilnehmer in der Regel auch deshalb so intensiv zu beschäftigen, weil sich alle Jugendlichen gleichermaßen von dieser Thematik betroffen bzw. angesprochen fühlen.

Aber eigentlich will ich doch schnelles Geld verdienen . . . . !?

R. ,E. und K. würden auf jeden Fall die Lehrstelle
annehmen."Geld verdienen", sagt R. ,"das kann ich immer noch.
Erst einmal was Richtiges lernen,sonst ist man doch der erste,
dem gekündigt wird."

E. erzählt von seinem Vater,der vor ein paar Wochen arbeits=
los geworden ist."Und der ist",so erzählt er," als einer der
letzten bei Brinkmann gekündigt worden,-nur weil er so ein
guter Fachmann war.Alle anderen,vor allem die Hilfsarbeiter
mußten früher gehen!"

"Eine Ausbildung",sagt K. , "ist für mich das wichtigste.Geld
ist nicht so wichtig.Durch Geld ist man zwar auch wer,aber
dann muß man schon ganz viel haben. Mein Vater wird mir auf
eine Lehrstelle besorgen."

Auch M. möchte eine Ausbildung machen."Aber man muß ja erst
einmal eine Lehrstelle bekommen und dann auch durchhalten.
Die Meister",sagt er,"haben oft kein Verständnis.Sie erwarten,
daß man schon alles kann.Die schreien einen oft gleich an,
wenn man etwas nicht kann.Weil sie denken man ist faul."

"Das kann man dann ja sagen", meint R. ,"die Ausbildung ist
doch zum Lernen da." "Das mach du man,dann wirst du schon sehen,
was dann passiert" meint K. .

"In der Ausbildung muß man sich eben zusammenreißen,wenn man
sie behalten will,sagt R. ."Und das schaffst du,wo du dich
hier doch auch nicht zusammenreißen kannst.In der Ausbildung
läuft das ganz anders als hier. Ein falsches Wort und du
kannst gehen", meint E. . "Da hast du recht",meint R. ,
"das habe ich letztes Jahr im Betriebspraktikum bei Schmidt u.
Koch erlebt.Da konnte man sich wirklich nichts erlauben.
Alle waren der Meinung,daß sie auf jeden Fall die Lehrstelle
nehmen würden.Geld ist nicht so wichtig. Auf jeden Fall,man
hat eine Arbeit,die Spaß macht.

Abb. 7.19: Gruppentext aus dem Bereich berufsbezogener Themen

In der Schwellensituation „Eintritt ins Erwerbsleben" scheint es für alle Jugendlichen ein ähnlich großes Bedürfnis zu sein, sich über Ängste und Zwänge, aber auch über Möglichkeiten und Chancen in diesem Zusammenhang zu äußern, um im Austausch vermehrte Sicherheit zu gewinnen und zu der Erkenntnis zu gelangen, mit diesen Problemen nicht allein zu sein. Darüber hinaus können die Teilnehmer sehr schnell feststellen, daß sie durch die Steigerung ihrer schriftsprachlichen Kompetenz Wirkungen erzielen. Durch Eigentexte Mitteilnehmer zum Nachfragen zu veranlassen, durch verschriftlichte Einstellungen und Gedanken ein Interesse an der eigenen Person zu wecken, ist eine neue motivierende Erfahrung, die einige Teilnehmer im Verlaufe der Förderung dazu bewegt, zunehmend mehr von sich in die Texte hineinzugeben.

Das sonst übliche „Aufdecken" von Rechtschreibfehlern, wie es die Teilnehmer vom Deutschunterricht in der Schule her gewohnt sind, und das vor allem für diese Jugendlichen eine nicht geringe Bedrohung darstellt, wird, wie die Beispiele zeigen, vermieden, um sie nicht erneut in die Schriftsprachlosigkeit zurückzudrängen. Der für die Teilnehmer weniger bloßstellende Vorgang der Korrektur ihrer Arbeitsergebnisse u. a. über das Anbieten der Reinschrift ihrer Texte ermöglicht eine konstruktive und weitestgehend angstfreie Arbeit an den Rechtschreibdefiziten der Jugendlichen. Auf dieser Basis zeigen, wie die Förderpraxis uns immer wieder bestätigt, alle Jugendlichen größtes Interesse daran, ihre vielfach als persönlichen Mangel empfundene Schreib- und Rechtschreibeschwäche zu bekämpfen.

7.3 Lesen und Schreiben im Alltag

Die Beschäftigung mit diesem Themenbereich, zu dem u. a. die Arbeit mit Stadt- und Fahrplänen, Telefonbüchern, Briefverkehr mit Ämtern, Behörden, Vereinen und anderen Institutionen sowie mit Bank- und Behördenformularen gehört, soll die Jugendlichen befähigen, schriftsprachlichen Alltagsanforderungen besser gerecht zu werden. Aus diesem Themenbereich soll hier exemplarisch die Beschäftigung der Jugendlichen mit dem Bereich „bargeldloser Zahlungsverkehr" dargestellt werden.

Der „bargeldlose Zahlungsverkehr" stellt – zumal für Jugendliche, die sich auf der Schwelle zum Erwerbsleben befinden – einen unverzichtbaren Bereich schriftsprachlicher Anforderungen im Alltag dar. Spätestens mit Beginn eines Arbeits- oder Ausbildungsverhältnisses werden Jugendliche mit der Aufgabe konfrontiert, sich ein eigenes Konto einzurichten und sich im Bereich des bargeldlosen Zahlungsverkehrs sicher zu bewegen. Die Aussicht auf eigenes, selbstverdientes Geld über das man erstmals elternunabhängig verfügen kann, ist für Jugendliche äusserst reizvoll und wird von den meisten untrennbar mit dem Eintritt ins Berufsleben und in die „Welt der Erwachsenen" verbunden.

In diesem Prozeß der Verselbständigung und Loslösung werden die Jugendlichen der Zielgruppe, bedingt durch die Tatsache, daß es ihnen in der Regel an Kenntnissen, Fertigkeiten und Einstellungen in bezug auf die eigenständige Regelung ihres bargeldlosen Zahlungsverkehrs mangelt, häufig weiterhin in einer von ihnen eher unerwünschten Abhängigkeit von den Eltern gehalten. Der in dieser Situation für die Jugendlichen notwendige Rückgriff auf die Kompetenzen der Eltern behindert nicht nur allgemein den Prozeß ihrer Loslösung und Verselbständigung, sondern nimmt ihnen auch die Möglichkeit, den sinnvollen Umgang mit ihrem eigenen Geld in einer schriftsprachlichen Alltagsanforderung bzw. Situation zu erlernen. Die mangelnde Kompetenz der Jugendlichen in diesem Bereich führt in vielen Fällen dazu, daß Jugendliche ihre finanziellen Möglichkeiten fehleinschätzen, überschätzen bzw. sich auf finanzielle Verpflichtungen einlassen, deren Zusammenhänge und Konsequenzen sie nicht im Ansatz durchschauen und die sie oftmals schon zu Beginn ihres Erwerbslebens erheblich belasten.

Die Auseinandersetzung der Jugendlichen mit dem Themenbereich „bargeldloser Zahlungsverkehr" soll ihnen über die Art und Weise der Vermittlung Kompetenzerlebnisse verschaffen, die sie im Umgang mit bargeldlosem Zahlungsverkehr sicherer machen und die ihnen den Zugang zu diesen realen schriftsprachlichen Alltagsanforderungen erleichtern bzw. möglich machen sollen. Darüber hinaus wird den Teilnehmern zu umfangreichen Informations-, Anschauungs- und Hilfsmaterialien verholfen, auf die sie jederzeit, vor allem auch nach der Beendigung der Förderung zurückgreifen können und die sie von anderen Personen ein Stück weit unabhängiger machen und damit selbständiger werden lassen.

Der Scheck

Einen Scheck benutzt man, wenn man nicht bar bezahlen kann oder möchte.
Dazu braucht man ein Girokonto.
Die Bank gibt dem Kontoinhaber Scheckvordrucke, in die man einige Angaben
eintragen muß:
1. Den Geldbetrag in Buchstaben und Zahlen,
2. den Zahlungsempfänger,
3. Ausstellungsort und Datum,
4. Unterschrift des Kontoinhabers.

Vom Guthaben auf der Bank wird der Betrag abgebucht.

Abb. 7.20: Vorlage zu dem Thema „Euroscheck"

Zu den Inhalten des Themenbereiches „Bargeldloser Zahlungsverkehr" zählen auch folgende Schwerpunkte:
- Was ist eine Bank?
- Wozu braucht man ein Girokonto?
- Scheck/Euroscheck
- Zahlenwörter
- Überweisung
- Kontoauszug
- Information zum Umgang mit Krediten, Kundenkreditkarten, Ratenkäufen etc.

Anhand zu erstellender Arbeitsblätter können sich die Teilnehmer durch die Sammlung und Klärung wichtiger Fachbegriffe, die sie aus den jeweiligen Texten, z. B. zum „Scheck", zum „Euroscheck", zur „Überweisung" u. a. herausarbeiten und in ihre Kartei aufnehmen, individuell bedeutsame und zu einem großen Teil auch neue Informationen verschaffen. Darüber hinaus haben die Jugendlichen, je nach individuellem Bedarf, die Möglichkeit, anhand von Originalformularen wie auch anhand von vergrößerten Formularen (z. B. zum Scheck, Euroscheck u. a.), das „Ausstellen" einzuüben, was ihnen vermehrt Sicherheit im Umgang mit dieser Alltagshandlung verschafft.

7.4 Weitergehende Aktivitäten

Ein bedeutsamer Aspekt der Förderung ist die Stärkung des Gemeinschaftsgefühls in Verbindung mit den schriftsprachlichen Angeboten. Durch die Erfahrung von Zugehörigkeit und Geborgenheit innerhalb einer sozialen Gruppe können Minderwertigkeitsgefühle abgebaut und Erfolgserlebnisse vermittelt werden.

Besonders die gemeinsame inhaltliche Arbeit, die Erarbeitung von Texten, die Diskussion verschiedener Meinungen und Ergebnisse sowie die Auseinandersetzung mit den persönlichen Einstellungen, Eigenschaften und Besonderheiten der Teilnehmer untereinander anhand von Schreibprodukten führt in einem wechselseitigen Prozeß zur Verbesserung der Schriftsprachkompetenz und der Gemeinschaftsfähigkeit.

Darüber hinaus sind jedoch auch Gruppenaktivitäten denkbar, die ausschließlich oder primär die Stärkung des Gemeinschaftsgefühls und der Motivation zum gemeinsamen Lernen zum Ziel haben — bei denen das gemeinsame Erleben und Handeln im Vordergrund steht. Gemeint sind hier Aktivitäten, die über den regulären inhaltlichen und räumlichen Rahmen des Förderunterichts hinausgehen, und die (etwa durch die Veränderung des Lernortes und/oder der Inhalte und Methoden) Abwechslung in den Ablauf der Förderpraxis bringen. Diese Aktivitäten müssen allerdings in einem sinnvollen Kontext mit den Unterrichtsinhalten stehen, sowie dem Entwicklungsstand und den Interessen der Teilnehmer angemessen sein. Die

Durchführung darf nicht als Störung des Lernprozesses wirken oder gar inhaltsleer und überflüssig erscheinen. Eine gemeinsame Planung und Vorbereitung (durch die auch Ängste, z. B. vor einer fremden Umgebung, aufgefangen werden können und müssen) ist deshalb unabdingbar. Zur Vorbereitung von Exkursionen gehört in jedem Fall eine Absprache mit den jeweiligen Ansprechpartnern in den betreffenden Institutionen, wobei diesen die Fähigkeiten und Besonderheiten der Lerngruppe vermittelt werden müssen, um eine erfolgreiche, die Teilnehmer erreichende Durchführung zu gewährleisten.

Welche Aktivitäten und Projekte durchgeführt werden können, hängt von der Zusammensetzung der Gruppe und von den Interessen und Einstellungen der Teilnehmer ab. Nicht alle Angebote lassen sich beliebig auf jede Lerngruppe übertragen. Nach Möglichkeit sollten auch Vorschläge und Anregungen der Teilnehmer zu gemeinsamen Aktivitäten berücksichtigt werden. In vielen Fällen bieten sich Aktivitäten durch die inhaltliche Auseinandersetzung mit Themen und Themenkomplexen in der Förderpraxis an. So kann zum Beispiel im Zusammenhang mit dem Themenschwerpunkt „Lesen und Schreiben im Alltag" (siehe Kap. 7.3) der Besuch einer Behörde oder einer Bank ins Auge gefaßt werden. Ängste, die über die schriftsprachlichen Anforderungen beim Umgang mit Behörden und Formularen hinausgehen werden dadurch verringert, und es wird eine zusätzliche Motivation für die thematische Behandlung im Unterricht geschaffen.

Das Ziel, Jugendliche zu einem aktiven Schriftsprachgebrauch auch in ihrer Freizeit zu motivieren, kann durch den Gebrauch von Zeitungen und Zeitschriften in der Förderpraxis unterstützt werden, sowie durch die Vermittlung eines sinnvollen Umgangs mit diesen Medien. Da die Teilnehmer in der Regel ein relativ großes Wissensbedürfnis haben, was die Entstehung von Produkten, in diesem Fall von Druckerzeugnissen, betrifft, kann der Besuch einer Zeitungsredaktion oder einer Druckerei eine sinnvolle Aktivität sein. Denkbar ist auch der gemeinsame Besuch einer Bücherei, bei der sich die Jugendlichen einen Überblick über das Angebot einer Bibliothek verschaffen und den Vorgang der Ausleihe kennenlernen können. Möglicherweise können auch Bücher für den Gebrauch im Förderunterricht ausgeliehen werden.

Auch freizeitbezogene Aktivitäten, wie gemeinsame Treffen zum Essen, Kino- und Jahrmarktsbesuche, hatten positive Effekte auf den weiteren Verlauf des Förderunterrichts. Gute Erfahrungen haben wir auch mit der Herstellung eigener kleiner „Zeitungen" gemacht. Zum einen wurden Beiträge geschrieben für die Zeitung eines Projekts für arbeitslose Jugendliche und junge Erwachsene, zu dessen Angeboten auch die Kurse zur Lese- und Schreibförderung gehören, zum anderen wurde ein „Kräuterbuch" mit Zeichnungen und Texten fertiggestellt, das im Rahmen eines Tages der offenen Tür verkauft wurde. Für die gleiche, alljährlich durchgeführte Veranstaltung, wurden auch Informationstafeln erstellt, auf denen sich die Teilnehmer mit Fotos und Texten darstellten. Die Teilnehmer unserer Kurse sind zumeist sehr motiviert, sich in ihrer Rolle als Lernende auch „nach außen" zu zeigen, besonders dann, wenn sie deutliche Fortschritte erzielt und auch als solche erkannt haben. Diese Entwicklung von Selbstbewußtsein und Stolz auf eigene Leistungen und Produkte initiieren und unterstützen wir als Kursleiter kontinuierlich. Unter dieser Voraussetzung war es dann auch möglich, Studenten der Universität Bremen in Lerngruppen hospitieren zu lassen. Sollten Teilnehmer jedoch den Wusch haben, anonym zu bleiben, muß dem unbedingt entsprochen werden, denn nicht jeder Kursteilnehmer ist bereit und in der Lage, sich öffentlich als „Analphabet" zu präsentieren. Dies gilt besonders für die sensible Anfangsphase der Förderung, in der Selbstbewußtsein und der Glaube an die eigene Lern- und Leistungsfähigkeit mehr oder minder mühevoll vom Kursleiter (ggf. unterstützt durch die anderen Kursteilnehmer) angebahnt werden müssen.

Ein weiteres Beispiel für eine gelungene Aktion ist die Korrespondenz einer Gruppe von jungen Frauen mit den männlichen Teilnehmern eines anderen Kurses. Es wurden gemeinsam Briefe formuliert und jeweils der anderen Gruppe zugesandt. Die Folge des Briefwechsels waren zwei Treffen der beiden Gruppen, die von den Teilnehmerinnen und Teilnehmern sehr engagiert vorbereitet wurden. Nach dem ersten Treffen kam es auch zu einem regen Briefwechsel zwischen einzelnen Jugendlichen, wobei der Förderunterricht gerne dazu genutzt wurde, mit Hilfe der Kursleiter und der anderen Teilnehmer diesen Briefen eine akzeptable inhaltliche, sprachliche und visuelle Gestaltung zu geben. Es gibt kaum Schreibprodukte, bei denen Jugendliche mehr auf eine fehlerfreie Ausführung achten, als persönliche Briefe an Freunde bzw. Freundinnen.

Eine weitere Aktivität, bei der das Schreiben von Briefen zu Resultaten führte, war das Anschreiben von Firmen, die in Werbeanzeigen in Zeitungen die Zusendung von Informationsmaterial und Warenproben anboten. Solche Aktivitäten wurden gewählt, um das Schreiben von Geschäftsbriefen einzuführen. Die Aussicht, mit einem gut formulierten, ansprechenden und korrekt gestalteten Schreibprodukt eine Reaktion zu bewirken, hatte einen sehr motivierenden Einfluß auf das Lerngeschehen. Als die ersten Sendungen mit Informationsmaterial und Warenproben (Informationen zur Schwangerschaftsverhütung, Kosmetikartikel, Bücher, Plakate und sogar ein großes Paket mit Lebensmittelkonserven) sowie freundliche Rückantworten von den angeschriebenen Adressen kamen, nahmen Begeisterung und Eifer beim Anschreiben weiterer Firmen ungeahnte Dimensionen an; wobei die Teilnehmer zunächst verwundert reagierten, daß wir tatsächlich ihre Briefe abschickten − und nicht nur, ihren Schulerfahrungen entsprechend, simulierten. Sie konnten sich anfangs auch nicht vorstellen, mit ihren Briefen bei Unbekannten Wirkungen zu erzielen. Abgeschlossen wurde diese äußerst erfolgreiche Aktion mit der Formulierung von Dankschreiben.

Sehr unterschiedliche Erfahrungen haben wir mit dem Einsatz von Spielen im Förderunterricht gemacht. Selbstgefertigte Lernspiele waren für die Kursteilnehmer dann interessant, wenn sie sich entspannen und gleichzeitig lernen wollten. Den Teilnehmern war es ein Bedürfnis, die Zeit nicht ungenutzt verstreichen zu lassen. Eine Zeit lang waren Memory-Spiele mit einzelnen Wörtern, später ein Würfelspiel mit Ereigniskarten die bevorzugten Spiele. Grundsätzlich gilt für

Lernspiele, daß sie nur nach Gesprächen mit den Kursteilnehmern eingeführt werden sollten, wenn geklärt ist, daß niemand denkt, daß Spielen nur etwas für Kinder ist oder daß man, wenn man spielt, nichts lernt. Keinesfalls verwendet werden sollten vorgefertigte Lernspiele für Leseanfänger, die aus den gleichen Gründen abstoßend und verletzend auf Jugendliche wirken wie Fibeln. Auch Spiele sollten, wie die Arbeitstexte, inhaltlich auf die Realität und Identität der Lernenden abgestimmt sein.

Die vorangegangene Darstellung gibt einen Ausschnitt aus dem Spektrum an weitergehenden Aktivitäten wieder, wie sie für uns und unsere Kurse praktikabel waren. Zu beachten ist zum einen, daß die Übertragbarkeit auf andere Lerngruppen im Einzelfall überprüft werden muß, zum anderen, daß der Phantasie bei der Planung von Aktivitäten unter Berücksichtigung der genannten Prinzipien keine Grenzen gesetzt werden sollten.

8. Wirkungen – Lernerfolge

Wir haben in den Förderkursen seit 1983 ungefähr 150 Jugendliche betreut. Bei einem der ersten Förderkurse haben wir die Entwicklung der Teilnehmer in einer Synopse festgehalten (KRETSCHMANN und LINDNER-ACHENBACH, 1986).

Weitaus deutlicher als eine derart kurzgefaßte Übersicht spiegeln Falldarstellungen Prozesse und Ergebnisse der Förderung. Im folgenden sollen daher die „individualisierenden Lernangebote" anhand der Berichte über einzelne Kursteilnehmer verdeutlicht werden. Die Kursleiterinnen und Kursleiter berichten in der Ich-Form – aus ihrer persönlichen Erfahrung und Sicht.

8.1 „'Ne Lehre und sonntags beim Frühstück die ganze Zeitung lesen – das wär' 'was!"

Als Thomas (Name geändert) in einem unserer ersten Gespräche diese Wünsche äußerte, war er achtzehn Jahre alt. Bislang hatte er nur einzelne kleine Wörter mühsam und unsicher entziffern können. Seit seinem Sonderschulabgang war er bereits in mehreren Maßnahmen der Bundesanstalt für Arbeit gescheitert. Begonnen hatte er mit einem Berufsgrundbildungsjahr, das er aber abbrechen mußte, weil er dem theoretisch-berufskundlichen Teil dieser Maßnahme nicht folgen konnte. Auch Förderunterricht in Deutsch hatte er schon einmal gehabt: nach drei Wochen gab die Lehrerin auf. Mittlerweile befand er sich in einem Ausbildungsvorbereitungsjahr „Bau", dessen handwerklich-praktischen Anteil er mit sehr guten Ergebnissen absolvierte. Zu dieser Zeit boten wir erstmalig Förderunterricht für Jugendliche mit minimalen Schriftsprachkenntnissen an. So kam Thomas zu uns in die Fördergruppe. Ich sprach mit ihm über seine Schulkarriere, seine Wünsche, seine Hobbys, seine Ängste. Thomas faßte schnell Vertrauen zu mir und erzählte in diesen ersten sechs Schulstunden vieles, was für den Verlauf der Förderung und unsere gemeinsame Arbeit von besonderer Bedeutung war.

Schon bei unserem zweiten Arbeitstreffen erarbeiteten wir einen Text, den ich nach einer Zeitungsmeldung vereinfacht hatte. Thomas hatte sich einen Text gewünscht, in dem das aktuelle Heimspiel von „Werder Bremen" besprochen wurde. Die Kernaussagen des Textes hatte ich mit großen, deutlichen Druckbuchstaben auf Tonzeichenkarton geschrieben und eine identische Vorlage in Wortkarten zerschnitten. Thomas konnte, nachdem wir Zeitungsfotos betrachtet und besprochen hatten, relativ angstfrei an die Bearbeitung des Textes herangehen. Da er ungefähr wußte, worum es geht, brauchte er nicht zu befürchten, beim „Enträtseln" des

Kenntnisstand zum Beginn der Förderung	Kenntnisstand am Ende der Förderung	Besondere Angebote	Lernrelevante Verhaltensweisen
Teilnehmer A.: Kennt alle Buchstaben, aber gelegentlich kommen Verwechslungen und Spiegelungen vor. Er kann Namen und Adresse schreiben und lesen. Einen einfachen Satz kann er weder lesen noch schreiben. Einzelne Wörter liest er lautierend, bleibt dadurch bei längeren Wörtern ohne Erfolg. Die Handschrift ist sicher.	Kann einfache, unbekannte Texte sinnerfassend lesen und fertigt selber Texte an. Er kann 200-300 Wörter annähernd fehlerfrei schreiben und kommt mit der Groß- und Kleinschreibung zurecht.	Da lautierendes Lesen bei A. nicht zum Erfolg führte, Übg. m. Morphemgliederung u. Ganzwortmethode. Läßt sich Karteiwörter auf Kassette sprechen, um zuhause zu üben. Zieht es vor, sich Lerntempo m. Hilfe eines Wochenplans selbst einzuteilen.	A. ist sehr motiviert, Lesen und Schreiben zu lernen. Sieht in dem Förderkurs eine Chance, seine Defizite abzubauen. Im Unterricht ist er sehr kooperativ, auch anderen Schülern gegenüber. Seine Lernfortschritte gehen mit einer Steigerung seines Selbstwertgefühls einher.
Teilnehmer B.: Kennt alle Buchstaben, kann seinen Vornamen richtig schreiben, nicht aber Nachnamen und Adresse. Kann Adresse diktieren, aber nicht lesen. Ist nicht in der Lage, einen einfachen Satz vorzulesen. Die Schrift ist kaum leserlich, sehr zitterig.	Stabilisierung der Handschrift. Kann ca. 200 geübte Wörter lesen und schreiben. Kann einfach strukturierte fremde Texte sinnverstehend lesen, sowie alle geübten Texte. Bildet mit Karteiwörtern Sätze.	Vereinfachte Texte. Übg. von Einzelwörtern mit Wortkarten und Kartei. Übungen zur Schreibmotorik.	Sehr motiviert, endlich Lesen und Schreiben zu lernen, aber auch besorgt, ob er Fortschritte machen kann. Arbeitet sehr konzentriert und ist um große Sorgfalt bemüht. Gegen Mitte der Förderung Phase tiefer Entmutigung, einhergehend mit mit Leistungsrückgang. Konnte durch Gespräche und besondere Zywendung überwunden werden.
Teilnehmer C.: Kennt alle Buchstaben, schreibt aber manche seitenverkehrt. Er kann seinen Namen und mit Einschränkung auch seine Adresse schreiben und lesen. Einen einfachen Satz kann er weder lesen noch schreiben. Fügt willkürlich in zahlreiche Wörter das Graphem „ch" ein. Die Schrift ist unruhig, aber leserlich.	Lernt sinnverstehend einfache, unbekannte Texte zu lesen. Im Schreiben kaum Fortschritte, weil sein Interesse am Lernen erst spät erwacht.	C. fordert ein hohes Maß an Zuwendung und Überzeugungsarbeit, weil er lange Zeit die Notwendigkeit des Schrifterwerbs nicht einsieht.	C. ist auf Zureden seines Lehrers in die Förderung gekommen, zeigt aber die meiste Zeit kein Interesse am Schrifterwerb. Er beschäftigt sich häufig anderweitig und versucht, die anderen Teilnehmer abzulenken sowie am Lernen zu hindern. Eine Wende bringt eine Beratung d. d. Arbeitsamt, bei der C. klargemacht wird, daß er mit seinen gegenwärtigen Fertigkeiten kaum vermittelbar ist. Die verbleibende Zeit reicht für C. jedoch nicht mehr aus, um wesentlich aufzuholen.
Teilnehmer D.: Kennt nicht alle Buchstaben, verwechselt optisch ähnliche Grapheme und setzt willkürlich Groß- und Kleinbuchstaben. Kann Namen und Adresse lesen und schreiben. Sonst keine Schreibfertigkeit. Mechanisches Lesen ohne Sinnverständnis. Unsichere Handschrift.	Liest alle im U. geübten Wörter und kann ihre Bedeutung erklären. Kann ca. 80 geübte Wörter schreiben. Liest geübte Texte sinnentnehmend. Festigung der Handschrift und der Buchstabenkenntnis.	Zieht es vor, Wörter zunächst m. Buchstabenstempeln zu bilden. Lernt dadurch Groß- und Kleinbuchstaben zu unterscheiden. Übg. der Handschrift m. besonderer Lineatur. Übg. v. sinnerfassendem Lesen an vereinfachten Texten. Verwendet Kartei als Lesekartei.	Anfangs motorisch sehr unruhig und sprachlich sehr eingeschränkt. Hat den Wunsch, Lesen und Schreiben zu lernen. Benötigt viel Zeit zur Fertigstellung seiner Aufgaben. Hat im Verlauf der Förderung gelernt, sich sprachlich besser zu erklären und Bedürfnisse zu formulieren.
Teilnehmer E.: Kennt nicht alle Buchstaben und setzt b. Schreiben Groß- und Kleinbuchstaben willkürlich. Kann Vor- und Zunamen schreiben (in 3 cm großen Blockschriftbuchstaben), aber nicht d. Adresse. Er kann einzelne Wörter mit Mühe lesen, aber nicht d. Anschrift oder einen einfachen Satz.	Schreibt in normaler Größe, hat Groß- und Kleinbuchstaben unterscheiden gelernt und und verwechselt keine Buchstaben mehr. Kann einfache, unbekannte Texte sinnverstehend lesen und fertigt selber Texte über Hobbys oder aktuelle Ereignisse an. Greift auch zuhause zu Büchern.	Produziert Wörter wegen unsicherer Schrift zunächst mit Stempeln. Durch sukzessive Verkleinerung d. Lineatur Verringerung d. Schriftgröße.	E. ist ruhig, still und zurückgezogen. Er strengt sich an und ist bemüht, viel zu lernen. Arbeitet anfangs sehr langsam und nimmt Arbeiten nach Hause, um sie dort zu beenden. Im Kursverlauf Steigerung des Lerntempos und des Selbstbewußtseins; nimmt zu anderen Schülern verstärkt Kontakt auf.

Abb. 8.1: Gesamtübersicht über die Lernverläufe der Mitglieder einer Fördergruppe

137

Textes zu versagen. Angst war ohnehin sein größtes Handicap: Bei einer informellen Prüfung versagte beim Lesen seine Stimme. Beim Schreiben zitterte seine Hand. Durch die „Vereinfachten Texte", die seinen Interessen und Lernvoraussetzungen entsprachen, erfuhr Thomas sofort, daß er sich der Schriftsprache bemächtigen konnte. Auch in der Gruppe arbeitete er intensiv und kontinuierlich. Er verlor weitgehend seine Ängste, u. a. auch die, daß ich ihn nach wenigen Wochen aufgeben würde. Seine Schrift stabilisierte sich, zum einen durch gezielte Übungen, zum anderen, weil er nicht mehr zitterte und seine Hand sich allmählich entkrampfte. In der Gruppe war er angesehen, weil er den etwas jüngeren Mitschülern half. Besonders wichtig war für Thomas, daß sein Praxisausbilder an seiner Freude über die Fortschritte im Lesen und Schreiben teilnahm und mit ihm über den Förderunterricht sprach.

Über die neu erarbeiteten Schriftsprachkenntnisse stieg Thomas' Selbstwertgefühl, was ihn ermutigte, sich zu artikulieren. Thomas fertigte Texte an, in denen er sich über die Vorzüge seines Traumberufes äußerte: „... Das genaue Arbeiten macht mir viel Spaß. Ich finde den Beruf des Maurers gut, weil alle anderen Handwerker auf die Arbeit vom Maurer angewiesen sind. Wie soll ein Tischler eine Tür einsetzen oder ein Zimmermann den Dachstuhl bauen, wenn die Mauern von einem Haus schief sind?..." Thomas hat in einem Jahr sehr viel gelernt, weil viele Menschen ihn unterstützt haben und er sinnvolle Lernangebote erhielt. Das Lesen der Morgenzeitung war ihm übrigens nach einem halben Jahr zur Gewohnheit geworden.

8.2 „Gib mir mal das kleine 'f' "

Der Kursteilnehmer U. schrieb im Test DRT 3 zwei von 44 Prüfwörtern richtig. 30 Wörter waren unlesbar oder ausgelassen. In einer informellen Überprüfung des Lernstandes konnte er nur seinen Vornamen richtig schreiben. Er las stockend und ohne Sinnentnahme. Er kannte nur wenige Buchstaben des Alphabets und wußte nicht zwischen Groß- und Kleinbuchstaben zu unterscheiden. Beim Schreiben verwendete er fast nur Blockbuchstaben. U. sprach kaum und war motorisch sehr unruhig. Nach Auskunft seines ehemaligen Klassenlehrers verfügte U. zum Zeitpunkt seiner Sonderschulentlassung lediglich über einen aktiven Wortschatz von etwa 200 Wörtern. Gegenstände aus dem Alltagsleben, wie z. B. eine Ampel, konnte er oft nicht benennen.

Grundsätzlich gestalteten wir den Unterricht für U. so, daß er sich bewegen konnte, soviel er wollte. Er holte die Arbeitsmaterialien für alle Schüler aus dem Schrank, stellte die Tische für die Gruppenarbeit um und war für die technischen Unterrichtsmedien wie z. B. den Overhead-Projektor zuständig. Dies gab ihm die Gewißheit, ein für den Unterrichtsablauf benötigtes und nützliches Gruppenmitglied zu sein. Wo es ging, versuchten wir, seine Tätigkeiten mit Worten zu begleiten und seine Aktivitäten zu loben. Das Gefühl, in der Gruppe akzeptiert zu sein und seine Arbeiten gut und richtig zu erledigen, war für ihn ein Anreiz, sich auch noch einmal mit dem Lesen und Schreiben zu befassen. Weil ihm das Schreiben von Buchstaben große Schwierigkeiten bereitete, begann U. sich für Buchstabenstempel zu interessieren. Für erste eigene Schreibprodukte verwendete U. zunächst Buchstabenstempel in verschiedenen Größen. Weil er nicht in der Lage war, seine Adresse zu lesen und zu schreiben, stellten wir einen kleinen Adressenstempel her und druckten damit einige Visitenkarten für ihn. Die größeren Stempel benutzte er, um persönliche Gegenstände mit seinem Namen zu beschriften.

U. zog es noch eine daß Weile vor, anstelle seiner Handschrift die Buchstabenstempel zu verwenden. Dadurch, daß sich auch ein anderer Kursteilnehmer mit den Stempeln beschäftigte, war U. gezwungen, sich verbal zu äußern (,,... gib mir mal das kleine f!") und konnte so die Sicherheit im Umgang mit den Buchstabennamen trainieren. Durch die Buchstabenstempel war er auch schnell in der Lage, die Groß- und Kleinbuchstaben zu unterscheiden, denn im Kasten sind sie getrennt eingeordnet. Um U. den Übergang zu seiner eigene Schrift zu erleichtern, boten wir ihm für seine Arbeitsblätter eine spezielle Lineatur für Schreibanfänger an. Wir hatten dazu zwei DIN-A5-Heftseiten auf ein DIN-A4-Blatt kopiert. Dies konnte U. nicht akzeptieren. Es störte ihn, daß er sein Arbeitsblatt quer legen mußte, um auf die kleinen ,,Heftseiten" zu schreiben, während die anderen Schüler auf liniertem DIN-A4-Papier schrieben. So stellten wir Arbeitsblätter mit zusätzlichen Hilfslinien in diesem Format her, mit denen U. etwa ein halbes Jahr lang arbeitete. In dieser Zeit entwickelte U. eine übersichtliche und ansprechende Handschrift. Für die Ausführung von Arbeitsaufträgen benötigte U. meist mehr Zeit als die anderen Kursteilnehmer, zum einen, weil es lange dauerte, bis er sich seiner Arbeit zuwenden konnte, zum anderen, weil er sehr unsicher war und sich ständig vergewisserte, daß er auch alles richtig gemacht hatte.

Seinen Bedürfnissen kam es entgegen, daß er im Förderunterricht nur soviel arbeiten und lernen brauchte, wie er es ohne Zwang und Überanstrengung leisten konnte. Entgegen seiner Erfahrungen im bisherigen Unterricht wurde U. nie von seinen Mitschülern wegen vermeintlich geringerer Leistungen gehänselt. Die Kursteilnehmer hatten den individuell ausgerichteten Unterricht angenommen und brauchten durch ihre eigenen Lernerfolge keinen ,,schlechten" Mitschüler, auf den sie herabsehen konnten. Diese Rolle war ihnen aus ihrer eigenen Lerngeschichte nur allzugut bekannt ...

Verstärkt wurde die positive Haltung der Kursteilnehmer zum individuellen Lesen- und Schreibenlernen durch einen Wochenplan für jeden einzelnen Kursteilnehmer, in den wir eintrugen, was er gelernt hatte, sowie was er zuhause üben wollte. Diese Pläne hefteten die Schüler in ihren Arbeitsmappen ab. Bei der wöchentlichen Festlegung wurden folgende Leitfragen diskutiert:
− Was habe ich gelernt?
− Was fiel mir dabei leicht/schwer?
− Was sollte ich noch üben/was kann ich schon gut?

- Was möchte ich zuhause üben?
- Wieviel Zeit steht mir dort zum Üben zur Verfügung?
- Brauche ich jemanden, der mir hilft (Mutter, Bruder)?
- Konnte ich meinen letzten Wochenplan einhalten?
- Bin ich damit zufrieden/unzufrieden?
- Wie erklärt sich meine Zufriedenheit/Unzufriedenheit?

Zunächst war es für die Kursteilnehmer, besonders für U., nicht leicht, Antworten auf diese Fragen zu finden, so daß es unsere Aufgabe war, die Lernfortschritte transparent zu machen und bei der Planung zu beraten. Im Laufe der Förderung übernahmen dies die Kursteilnehmer selbst. Auch U. lernte bald, seine eigene Leistungsfähigkeit einzuschätzen. Im Unterricht schrieb er und zuhause übte er vergleichsweise weniger als die anderen Kursteilnehmer.

Nach 3 1/2 Monaten Förderunterricht schrieb U. seine Karteiwörter weitgehend fehlerfrei bzw. so, daß man ihren Sinn erkennen konnte. Zu diesem Zeitpunkt waren es 60 Wörter, davon 25 berufsbezogene Fachwörter. Dazu kamen 30 Funktionswörter aus einem Grundwortschatz, die er beim Partnerdiktat fehlerfrei schrieb und ca. 20 Wörter, die auf „-ung" enden. Als ihm der Umfang seiner Kartei im Vergleich zu seinen Mitschülern plötzlich zu gering erschien, suchte er sich zu Hause selbständig Wörter mit einem bestimmten Anfangsbuchstaben, um seine Kartei „aufzufüllen". Insgesamt hatte sich U. seit Beginn der Förderung positiv entwickelt. Er wirkte erwachsener, war ruhiger und ausgeglichener geworden und sprach sehr viel mehr als zu Beginn des Kurses. Bald konnte er auch Arbeitsvorgänge erklären und sich detailliert zu Fragen äußern. Nach viereinhalb Monaten las U. alle im Unterricht schriftlich verwendeten Wörter fließend und konnte auch ihre Bedeutung erklären. Einfache unbekannte Wörter erlas er weitgehend selbständig. Seinen Grundwortschatz benutzte er wie seine Kartei ebenfalls ohne fremde Hilfe und fand jedes benötigte Wort in kurzer Zeit.

Seit dem sechsten Monat der Förderung steigerte U. sowohl seine Schreibleistungen im Unterricht als auch seinen Arbeitsaufwand zu Hause. Dabei waren Fußball-Fachwörter für ihn von besonderer Bedeutung: je mehr er von ihnen lesen konnte, desto leichter fiel es ihm, auch längere Spielberichte in der Presse zu lesen und zu vergleichen. Ein zweiter inhaltlicher Schwerpunkt war für U. der Umgang mit Bankformularen. In beiden Bereichen arbeitete er beständig und erfolgreich. Zum Ende des Schuljahres stabilisierte sich seine Leseleistung. Durch seine Erfolge motiviert, wollte er gerne weiter Lese- und Schreibunterricht erhalten. Mit der Zustimmung und der Unterstützung des Arbeitsamtes konnte er den Eingliederungslehrgang wiederholen. Für die Ferien stellten wir ein „Trainingsprogramm" auf, damit die Lernergebnisse erhalten blieben, und nicht, wie die Schüler es immer wieder erfahren hatten, durch die lange Zeit des Nicht-Übens, vergessen wurden. Tatsächlich hatte U. in den Ferien sich selbständig mit allerlei Lesematerial versorgt, Übungen wiederholt, Karteiwörter geschrieben und Schecks ausgefüllt, so daß er seine Leistungen nach den Ferien zunächst weiter steigern konnte. Die Entwicklungen des zweiten Jahres der Förderung möchten wir an dieser Stelle nur in ihren Tendenzen darstellen. U.'s Motivation ist gleichbleibend hoch; allerdings entwickelt er eine Abwehrhaltung gegen das Schreiben in der Gruppe, wenn ein bestimmter Schüler anwesend ist, der ihn wegen seiner noch immer langsamen Art als „behindert" bezeichnet. Dies läßt sich leider nur teilweise durch intensive Gespräche und Einzelarbeit ausgleichen. U.'s Leistungen im Lesen haben sich stabilisiert und weiterentwickelt, so daß er auch unbekannte und umfangreiche Texte lesen kann.

8.3 „Toeletta!"

R. war eine Teilnehmerin, die, wenn überhaupt, nur sehr schwer ansprechbar war bzw. erreicht werden konnte. Ihre Verhaltensweisen waren sehr auffällig: Außerhalb des Förderunterrichts wirkte sie desorientiert und verwirrt, häufig kleinkindhaft und völlig distanzlos Erwachsenen gegenüber, wenn sie den Kontakt aufnahm. Andererseits war es nicht möglich, auf Fragen eine Antwort zu erhalten. R. sah dann weg, wendete sich ab und plapperte in einer schnellen, nahezu unverständlichen Kindersprache („na, na,... (unverständlich) ... was soll denn das ... (unverständlich) ... du, du ..."). Selbst wenn R. von sich aus erzählte, war es sehr schwierig, sich mit ihr zu verständigen, da sie allem Anschein nach nur über einen geringen aktiven Wortschatz verfügte: Gegenstände z. B. waren meist „Dings" („Ich hab' da so ein Dings gesehen.")

R.'s Verhalten im Förderunterricht war deutlich anders. Sie wirkte ruhig, oft sogar apathisch. Sie war nicht zu aktiven mündlichen Unterrichtsbeiträgen in der Lage und reagierte, wenn ich sie ansprach, in der oben geschilderten Weise. Lesen konnte sie, stockend und mit dem Finger begleitend zwar, aber sie tat es freiwillig und wirkte dabei sehr konzentriert. Eigenständige Schreibleistungen konnten lange Zeit nicht beobachtet werden. Zu Beginn des Förderunterrichtes mußte ich oft feststellen, daß R. bei Schreibübungen nur wenige Wörter geschrieben hatte, während die meisten anderen längst mit ihrer Aufgabe fertig waren. Was R. mit der einen Hand schrieb, radierte sie mit der anderen wieder aus. An eine Ausführung des Arbeitsauftrages war dann nicht mehr zu denken.

R.'s Verhaltensweisen legten die Vermutung nahe, daß sie Anforderungen jeder Art als Aggression wahrnahm und sie gleichsam als Selbstschutz abwehrte. Dieses Wahrnehmungsraster verhinderte, daß R. sich angemessen intellektuell und emotional weiterentwickelte. Also war es zunächst notwendig, Lernsituationen so zu arrangieren, daß sie sich nicht bedroht fühlte. Besonders die Vermittlung von Sprachmaterial war zunächst von Bedeutung. Möglichst ruhig und immer auf R.'s Reaktionen achtend, las ich ihr Wörter vor, die ich für sie notiert hatte oder erzählte kleine Geschichten. Dabei hörte R. konzentriert zu. Wenn ich merkte, daß sie bei einem Wort besonders aufmerksam wurde, gab ich ihr Gelegenheit, ihre Erfahrungen zu verbalisieren.

Im folgenden skizzierte ich eine Szene, die typisch war für die Arbeit mit R. Thema: „Am Meer". R. wird bei dem Wort „Strand" aufmerksam. „Auch schon mal da." „Du warst mal am Strand?" „Ja, da am Wasser und Muscheln." „Du hast Muscheln gesehen?" „Auch ein paar mitgenommen nach Hause." „Ich habe auch im Urlaub Muscheln gesammelt ... Warst Du allein am Strand?" „Die ganze Gruppe." „Ihr habt bestimmt viel Spaß gehabt." „Ja, war gut." So stellten sich R.'s erste Erinnerungen an einen Ferienaufenthalt dar. Sie schrieb zunächst einige der Wörter in ihr Heft. Später übernahm sie auch Wörter aus den Texten der anderen Teilnehmer. Bei der Themenstellung „Mein Traumurlaub" kam R. zu folgendem Ergebnis:

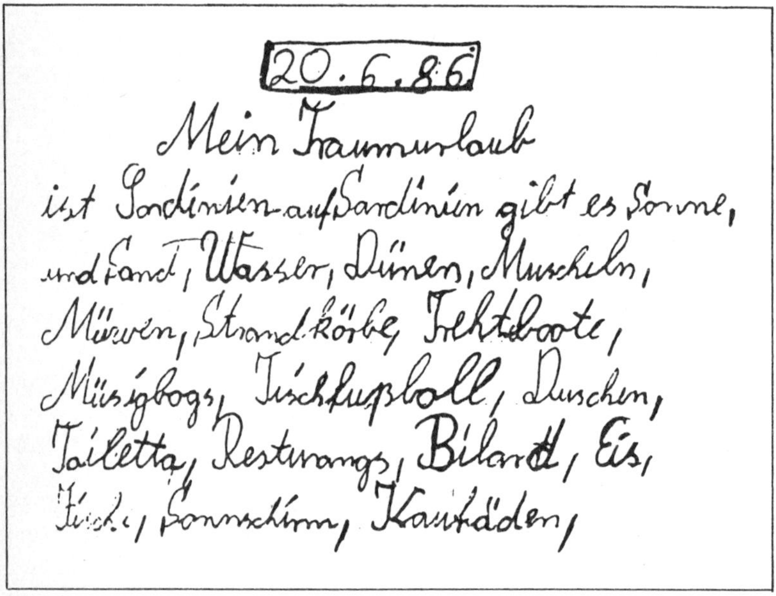
20.6.86
Mein Traumurlaub
ist Sardinien auf Sardinien gibt es Sonne,
und Sand, Wasser, Dünen, Muscheln,
Mürwen, Strandkörbe, Trehtboote,
Müsigbogs, Tischtupball, Duschen,
Toiletta, Resturangs, Bilardt, Eis,
Fisch, Sonnschirm, Kaufläden,

Abb. 8.2: Schreibprodukt zu dem Thema „Traumurlaub"

Nachdem ich ihr die Aufgabenstellung erklärt hatte, sagte sie freudestrahlend „Toeletta!", womit ich zunächst sehr wenig anfangen konnte. Nach und nach stellte sich heraus, daß R. es begeisternd fand, in einem fremden Land zu sein, „wo ein Klo „Toeletta" heißt." Die Erinnerung an die „Toeletta" löste eine Reihe anderer Erinnerungen aus, die sie stichwortartig aneinanderreihte. Später hatte sich die Erinnerung so verdichtet, daß sie exakt und differenziert auf die Fragen, die auf einem Arbeitsblatt standen, antworten konnte. Auch die Sinnentnahme, die meistens allem Anschein nach nicht möglich war, wurde in diesem Fall geleistet. Der Schritt von Frage – Antwort zum Text, den ich als schwierig einschätze, fiel R. nicht schwer. Ich erklärte ihr, daß wir die Fragen „verschwinden" lassen wollten und die Sätze nun umformen müssten, damit sie zu einem zusammenhängenden Text würden. R. hatte in den ersten Wochen der Förderung ihr Arbeitstempo ungemein steigern können und über das „Sicherinnern" Ansätze gefunden, ihre (Schrift-)Sprachlosigkeit zu überwinden. Heute schreibt sie selbständig Texte, z. B. zu den Themen „Mein Berufswunsch", „Was ich im Leben erreichen möchte", „Das Leben geniessen" – zwar nicht immer aufgabenadäquat – aber sie schreibt und hat erkannt, daß sie sich schriftlich mitteilen kann.

8.4 „Kommen Sie mal, Sie müssen mir helfen!"

Lernangebote brauchte ich H. nicht zu machen – im Gegenteil: Er instrumentalisierte mich für seinen Leistungswillen („Kommen Sie mal, Sie müssen mir helfen!"). H. hatte im Förderunterricht bereits die Technik erlernt und für sich angenommen, wie er am besten zu Texten kam: Ich schrieb die Texte nach seinem Diktat auf. Dialoge schrieb H. allein auf; an ihnen korrigierte ich nur die Rechtschreibung und machte Anmerkungen, wenn der Sinn nicht verständlich war. Da die Texte meist von Rechtschreibfehlern durchsetzt waren, machte ich zunächst alle Wörter kenntlich, die er richtig geschrieben hatte und notierte dann parallel die richtige Schreibweise. Ein Originaldokument dieser Vorgehensweise kann hier nicht vorgelegt werden, da H. stets darauf bestand, den ersten, fehlerhaften, Entwurf wegzuwerfen – dies schien für ihn Symbolcharakter zu haben. Erlebnisberichte etc. nahm ich nach seinem Diktat auf, nachdem wir zunächst die inhaltlichen Schwerpunkte geklärt und eine Gliederung angefertigt hatten. Eventuell machte ich Formulierungsvorschläge, z. B. wenn er ein Erlebnis ausführlich geschildert hatte, das im Text aber nur kurz erwähnt werden sollte. Wenn der Text soweit fertig war, las H. ihn vor und wir sprachen noch einmal ausführlich darüber. Anschließend schrieb er seinen Text ab, wobei er nach wie vor mit seiner Schrift Probleme hatte. An diesen Problemen arbeitete er aber kontinuierlich – auch mit gewissen Erfolgen.

H.'s Rechtschreibprobleme hatten sich durch den Förderunterricht bereits gebessert. Er benutzte seine Kartei selbständig und übte regelmäßig. Dazu gabe ich ihm Arbeitsblätter, mit denen er sich selbst diktieren und kontrollieren konnte. Seine „schwierigen Wörter" trug er in die Kartei ein. Bei einem Wörterdiktat schrieb H. von 47 Wörtern, die er erst eine Woche vorher als „nicht richtig" seinem Text entnommen hatte, 44 Wörter richtig.

H. verfügte so sicher über die Techniken des Lernens und Übens, daß er sie selbständig anwenden konnte und dies auch tat. Er hatte im Verlaufe der Förderung sehr viel Vertrauen in seine Kompetenzen und seine Leistungsfähigkeit gewonnen und blickte mit diesem Vertrauen hoffnungsvoll in die Zukunft.

8.5 „Alles Mist, alles schlecht!"

Ich habe K. als einen Jugendlichen kennengelernt, der zu Beginn der Förderung durchaus große Bereitschaft bekundete, an dem Förderunterricht teilzunehmen, der aber kaum zu motivieren war, selbständig, ohne meine ständige Hilfe, sich – für ihn durchaus überschaubare und leistbare Bereiche – zu erarbeiten und sich als Person in die Förderung einzubringen. Es dauerte etwa 6 Wochen, bevor K. seine Verweigerungshaltung, den gesamten Unterricht gewissermaßen über sich ergehen zu lassen, ein Stück weit aufgab. Er war nun zumindest bereit, sich das eine oder andere Arbeitsblatt intensiver anzuschauen, bevor er es mir mit der Bemerkung zurückgab: „Dazu fällt mir nichts ein, das ist nicht wichtig für mich, was soll ich damit!?" Seine Ängste, diesen für ihn neuen und ungewohnten Anforderungen nicht gerecht werden zu können, waren offenbar so groß, daß er während dieser ersten Arbeitswochen, unabhängig vom Anforderungsniveau der einzelnen Aufgaben, unabhängig von seinen bereits deutlich, auch für ihn erkennbaren Erfolgen, nicht von seiner Einschätzung abbringen lassen wollte, daß er nach 10 Schulbesuchsjahren und vielen Versuchen offensichtlich erfolglos verlaufenden Förderunterrichts, doch noch in der Lage sein sollte, lesen und schreiben zu lernen. Mein ständiges ermutigendes Einwirken auf K., ungeachtet dessen, wie (verdeckt) ablehnend und abwehrend er sich auch zeigte, schien ihn zunehmend für die Lernangebote und -inhalte offener werden zu lassen.

Zum ersten „Eigentext", zu dem K. sich durchringen konnte, kam es, ohne daß ich den auslösenden Faktor in der damaligen Situation rekonstruieren konnte. Auch vorsichtige Rückfragen zu einem späteren Zeitpunkt konnten diesbezüglich keinen Aufschluß geben. Diesen ersten „Eigentext", der ein sehr gelungenes Schriftsprachprodukt darstellte, lehnte er ab, von mir in „Reinschrift" schreiben zu lassen, mit der Begründung: „Wenn Sie das nochmal schreiben, das zeigt doch, daß das alles falsch ist, daß ich nicht richtig schreiben kann. Sie ändern bestimmt alles ab." Daß ich nicht so verfahren würde, hätte K. eigentlich aus meiner Vorgehensweise bei den „Eigentexten" der anderen Teilnehmer ersehen können. Daß er dies dennoch subjektiv nicht sehen wollte bzw. konnte, war m.E. zum einen Ausdruck seiner tiefsitzenden Entmutigung, seines mangelnden Selbstwertgefühls, zum anderen zeigte es mir ein „Lebensstilprinzip", das K. sich im Laufe seiner Entwicklung zugelegt hatte, das offenbar folgendermaßen zu lauten schien: „Der beste Weg, um Wertschätzung, Zuwendung, Aufmerksamkeit, Beachtung etc. zu bekommen, besteht für mich darin, mich möglichst „verstockt" zu verhalten, mich abzuwenden und zu verweigern. Dann wird sich zeigen, wieviel ihnen wirklich an mir liegt." Erst nachdem ich mich K. erneut freundlich und beruhigend zugewendet hatte und ihm klar machte, daß ich nur die nicht richtig geschriebenen Wörter verbessern, aber daß ansonsten alles in seinem Text so bleiben würde, konnte ich diese kritische Situation entschärfen und ihn letztendlich dazu veranlassen, mir den Text zur „Reinschrift" zu übergeben.

K. wollte sich zunächst nicht darauf einlassen, die „Reinschrift" seines ersten Eigentextes, ebenso wie es die anderen Teilnehmer versuchen, vorzulesen. Erst nachdem ich K. davon überzeugt hatte, daß der Text ausgesprochen gut und daß das, was er geschrieben hatte, auch für die anderen Jugendlichen interessant sei, räumte K. mir die Möglichkeit ein, stellvertretend für ihn seinen Text der Gruppe vorzustellen, jedoch nicht ohne auf Bemerkungen zu verzichten, wie: „Das taugt doch nichts, das ist doch schlecht …"

Nach dem Vorlesen des Textes kam für mich, da ich K.'s Verhaltensmuster inzwischen besser kennengelernt hatte, seine Reaktion nicht ganz unerwartet: „So, wie Sie das jetzt vorgelesen haben, hört sich das gut an. Das war aber nicht mein Text, meiner war anders." Ich forderte K. auf, seinen Text mit der „Reinschrift" zu vergleichen. Dies tat er, wenn auch zögernd. Als er damit fertig war, lächelte er mich ganz verstohlen an, ohne ein Wort zu sagen. Dies schien sein, zumindest seiner subjektiven Empfindung nach, erstes wirkliches Kompetenzerlebnis gewesen zu sein – fast eine Schlüsselsituation. Von diesem Tag an war er überwiegend bereit, sich aktiv und mit Interesse den verschiedenen Förderinhalten zuzuwenden. Es kam dennoch immer wieder vor, daß er ohne für mich ersichtlichen Grund seine Arbeit abbrach und auch nach ermutigender Aufforderung nicht mehr bereit war, aktiv an der jeweiligen Förderung teilzunehmen. Seine „Eigentexte", die im Ver-

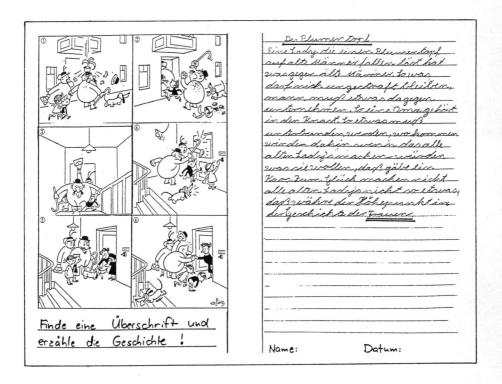

Abb. 8.3: Eigentexte, Originalgröße DIN-A3

145

lauf der nächsten Wochen immer umfangreicher wurden, kommentierte er weiterhin unverändert: „Alles Mist, alles schlecht." Um die Situation für K. klarer werden zu lassen, versuchte ich, ihm jeweils meine Ansprüche an seinen Text zu verdeutlichen. Dies führte langsam dazu, daß er mehr zu seinen Texten stehen konnte, was sich darin zeigte, daß er mehr und mehr darauf verzichten konnte, seine Texte abzuwerten und infolge dieses Prozesses dann auch bereit war, die „Reinschrift" seines „Eigentextes" der Gruppe selbst vorzutragen. Nach etwa einem halben Jahr Förderung hatte er die Vorbehalte, bezogen auf die Einschätzung seiner Leistungen, fast völlig abgelegt. Er hatte einsehen müssen, daß ich und (wichtiger noch für ihn) auch die Gruppe seine Texte lesenswert und interessant fanden. Ich beobachtete immer dann ein verstohlenes Lächeln bei ihm, wenn er sich meine positive Bewertung seiner „Eigentexte" zu eigen machen konnte.

Mit zunehmenden Kompetenzerlebnissen arbeitete K. aktiv und selbständig an seinen Defiziten, und schaffte es so, sich aus seiner tiefen Resignation in bezug auf seine vermeintliche Schriftsprachunkundigkeit fast völlig zu lösen. Bei kleineren Einbrüchen, die in einem solchen Entwicklungsprozeß als völlig „normal" gelten, gelang es ihm, sich im Verlaufe der weiteren Förderung vermehrt selbst zu ermutigen, weiter aktiv zu bleiben.

Abb. 84: Eigentext, Originalgröße DIN-A3

8.6 „Ich will Sie nicht ärgern, ich fange gleich an!"

O. war ein Jugendlicher, der aufgrund seines Auftretens, seiner offensichtlichen Entwicklung im intellektuellen und sprachlichen Bereich sowie aufgrund seines persönlichen sozialen und politischen Engagements überhaupt nicht in gängige Klischeevorstellungen von ehemaligen Sonderschülern paßte. Trotz allem gab es Gründe, mit denen man seine sehr späte Sonderschulüberweisung (nach Kl. 7) rechtfertigen kann. O. litt unter massiven Angstzuständen, die mit Schulleistungsv versagen, besonders im mathematischen Bereich, einhergingen. Der Sonderschulb besuch sollte O. von zu hohen Leistungsanforderungen entlasten und ihm die Mögl lichkeit geben, ein positives Selbstbild zu entwickeln.

O.'s Problem war es, daß er bei Leistungsanforderungen hektisch und nervös wurd de und sich in andere Aktivitäten flüchtete. Wenn O. vorlesen sollte, „entschuld digte" er einen möglichen Mißerfolg im voraus: „Ich weiß aber nicht, ob ich das gut lesen kann. Ich bin heute nicht gut drauf." Grund zu Beanstandungen seiner Leseleistung gab es meinerseits nicht – selbst komplizierte Texte las er mühelos.

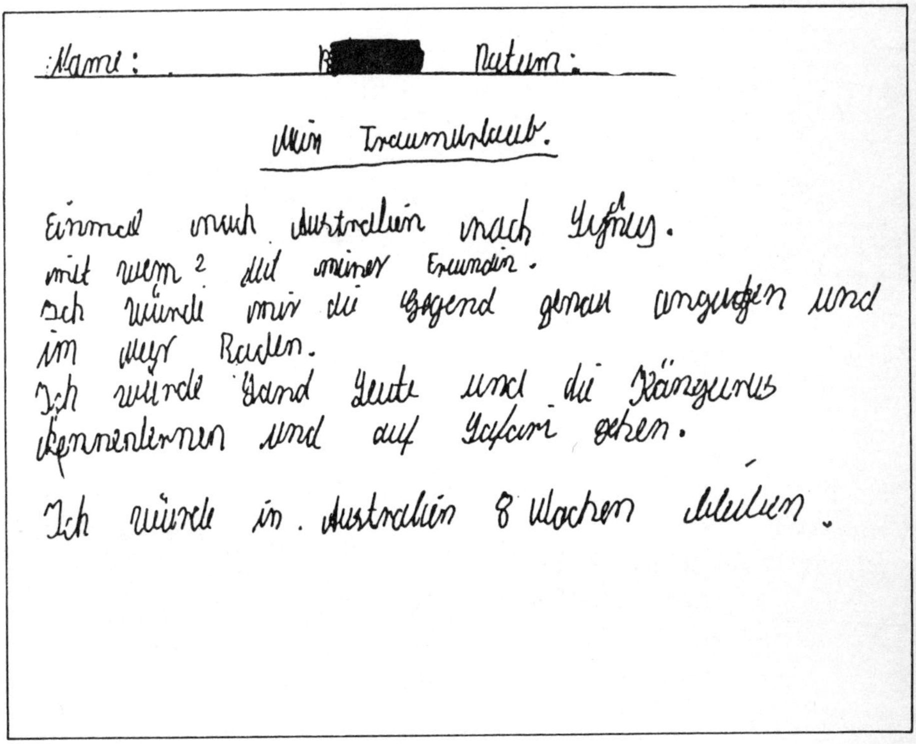

Abb. 8.5: Eigentext zum Thema „Traumurlaub", 1. Fassung

Wenn O. schreiben sollte, begann er zu lachen, wurde abwechselnd bleich und rot und kommentierte sein Verhalten, wenn ich mich ihm näherte: „Ich weiß, daß ich mich wieder mal unmöglich benehme. Ich weiß gar nicht, was mit mir los ist ... Ich will Sie nicht ärgern ... Ich fange gleich an, bestimmt!" Es dauerte meist ca. 15 Minuten, bis er sich soweit gesammelt hatte, daß der sich der Aufgabe stellen konnte. Schon nach einigen Sätzen aber sagte er: „Es fällt mir heute aber auch gar nichts ein, es ist wie verhext!"

Die Ursachen für O.'s Ängste zu ergründen wäre im Rahmen einer Therapie sinnvoll gewesen – für den Förderunterricht mußte ich mich mit Hypothesen begnügen. Ich vermutete, daß O. unbewußt eine Kränkung und Zurückweisung seiner Person befürchtete, wenn er sich auf eine Leistungsanforderung einließ und ihr vermeintlich nicht gerecht werden konnte. Es schien mir wichtig, verhaltensmodifizierend und ermutigend auf O. einzuwirken sowie kontinuierliche Angebote zum Abbau seiner Ängste bereitzustellen, gerade weil seine hohe Kompetenz

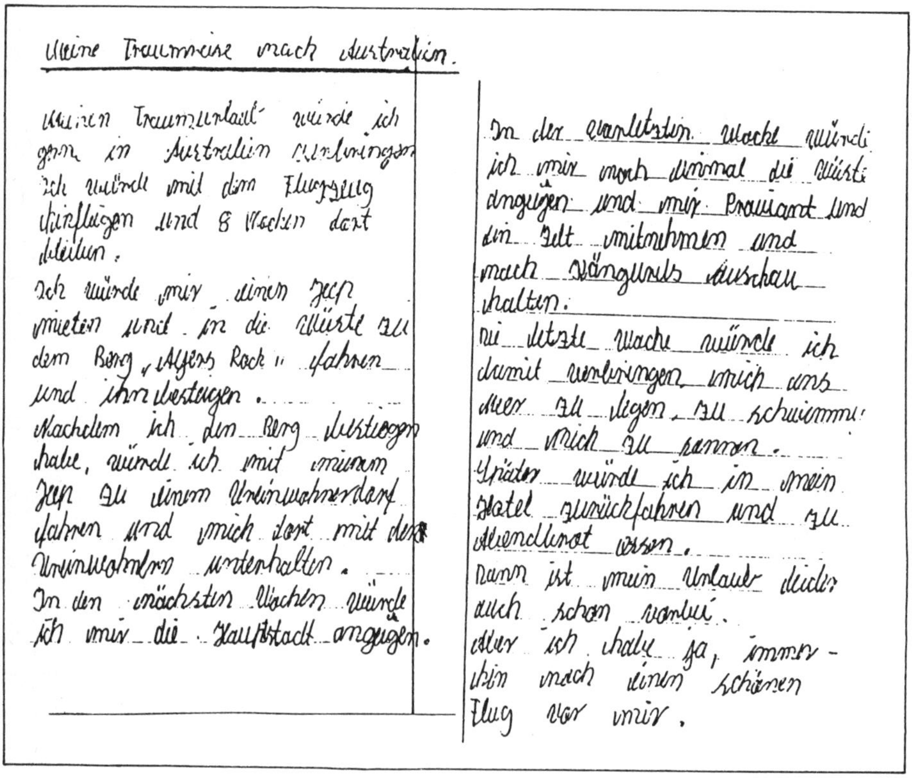

Abb. 8.6: Eigentext zum Thema „Traumurlaub", 2. Fassung

im schriftsprachlichen Bereich die nötigen Erfolgserlebnisse ermöglichen konnte. Diese Kompetenz konnte ich O. anhand seiner eigenen Texte vor Augen führen und somit eine Grundlage für eine realistische Selbsteinschätzung schaffen. Dies war möglich, nachdem ich durch freundliche und beruhigende Zuwendung eine der angstmachenden Situationen, die „Übergabe" des Textes, entschärfen konnte.

Nach einiger Zeit entwickelte sich ein Eingangsritual für die ernsthafte Besprechung der Texte über scherzhafte Bemerkungen wie z. B. dieser: „Igitt – schon wieder eine dieser ekelerregend schlechten O-Geschichten. Muß ich sie wirklich lesen ...?" Nachdem ich seinen Texte gelesen hatte, forderte ich O. auf, mir genau die Stellen zu zeigen, die er gut bzw. nicht so gut gelungen fand. Wenn er wieder darauf verwies, daß „alles" schlecht sei, las ich ihm seinen Text vor und fragte, ob er beim Zuhören das „Schlechte" genauer lokalisieren könne. Spätestens dann war er mit seinem Text doch ganz zufrieden („Wenn Sie das lesen, hört es sich gut an.")

Damit die Situation für O. an Klarheit gewann, verdeutlichte ich ihm jeweils meine Ansprüche an seinen Text und bat ihn, wenn er einen Text fertig geschrieben hatte, ihn auf diese Kriterien hin zu untersuchen und gegebenenfalls zu verändern. Dies hat er beispielsweise mit seinem „Traumurlaub"-Text getan. Weil sein 1. Entwurf den Kriterien nicht entsprach, holte er sich genauere Informationen aus einem Buch „Traumreisen" und begann den 2. Entwurf.

Bis zum Ende der Förderung hatte O. gelernt, auf seine Mißerfolgsankündigungen zu verzichten. Ihm war deutlich geworden, daß seine Texte nicht Gefahr liefen, abgelehnt zu werden.

An O.'s Beispiel wird deutlich, mit welch hohem Aufwand wir selbst bei motivierten und weitgehend schriftsprachkompetenten Teilnehmern vorgehen müssen, um ihnen das angestrebte respektable Produkt zu ermöglichen. Eine emotionale Barriere zu überwinden ist sicherlich nicht einfacher, als Grundfertigkeiten bei der Schriftanwendung zu verbessern.

9. Schluß

Wir haben Jugendliche gefördert, die in 8, 10 oder mehr Schulbesuchsjahren nicht lesen und schreiben gelernt hatten. Es war uns möglich, Handlungsstrategien zu etwickeln und zu erproben, mit denen Lernfortschritte bei den oft auch psychisch sehr belasteten Kursteilnehmern erzielt werden konnten. Gemessen an der Gesamtzahl der Förderbedürftigen war es allerdings nur ein kleiner Kreis, dem das Privileg einer zweiten oder dritten Lernchance zuteil wurde. Von den Nichtgeförderten mögen manche sich mit ihren eingeschränkten Schriftsprachkompetenzen arrangieren. Den meisten wird die nichtbewältigte Entwicklungsaufgabe „Schriftspracherwerb" jedoch zeitlebens Probleme bereiten.

Eine größere Passung der Lernangebote, schon im Anfangsunterricht, ein größeres Maß an Binnendifferenzierung und gebrauchsorientiertem Lernen könnte helfen, Störungen beim Lesen- und Schreibenlernen vorzubeugen. Aber selbst die beste Pädagogik, wenn wir sie denn hätten, könnte nicht garantieren, daß alle Kinder den Schriftspracherwerb im ersten Anlauf meistern. Es ist uns im Verlauf unserer Arbeit zunehmend deutlicher geworden, daß es in unserem Bildungssystem an Möglichkeiten mangelt, elementare schulische Kenntnisse später als zu den üblichen Zeitpunkten zu erwerben. Die folgenden Maßnahmen könnten dazu beitragen, daß es zu einem gesellschaftlichen Phänomen wie „Analphabetismus" bei Jugendlichen und Erwachsenen nicht kommen muß:
- Stütz- und Förderangebote zum Lesen und Schreiben auch in den höheren Klassen der Regelschule.
- Qualifizierte und auf den neuesten Erkenntnissen zum Schriftspracherwerb beruhende Angebote in den Sonderschulen.
- Möglichkeiten der Nachqualifizierung in den Bereichen beruflicher Bildung.

Wir haben Methoden und Konzepte zur Anbahnung der Schriftsprachkompetenz bei vielfach sehr entmutigten illiteralen Jugendlichen erprobt. Es bedarf häufig eines glücklichen Einfalls und einer Prise Kreativität bei der Durchführung der Förderangebote. Derartige Kreativität wünschen wir uns jedoch nicht nur bei der Unterrichtsgestaltung. Häufig sind es die Organisationsformen schulischen Unterrichtens, welche eine rechtzeitige Förderung und engagiertes Arbeiten behindern. Von „verhindern" wollen wir nicht sprechen, dazu kennen wir zu viele Gegenbeispiele. Eine engere Verzahnung von Sonder- und Regelschulpädagogik könnte jedoch einen organisatorischen Rahmen bilden, in dem die oben geforderten Maßnahmen leichter zu realisieren wären, als es gegenwärtig der Fall ist.

Literaturverzeichnis

ADLER, Alfred 1972 (Erstveröff. 1914): Heilen und Bilden. Frankfurt a. M.

ADLER, Alfred 1981 (Erstveröff. 1929): Individualpsychologie in der Schule. Frankfurt a. M.

ADLER, Alfred 1973 (Erstveröff. 1928): Über den nervösen Charakter. Frankfurt a. M.

ADLER, Alfred 1983 (Erstveröff. 1930): Kindererziehung. Frankfurt a. M.

AEBLI, Heinz 1973: Vorwort zu MILLER, GALANTER u. PRIBRAM, Pläne und Strukturen des Verhaltens, Stuttgart

ANTOCH, R.F 1984: Gemeinschaftsgefühl und psychische Gesundheit. In: Zeitschrift der Individualpsychologie, S. 2–8

BAGHBAN, Marcia 1987: Die Lall-Phase frühen Schreibens. In: BALHORN u. BRÜGELMANN, (Hrsg.): Welten der Schrift in der Erfahrung der Kinder. Konstanz. S. 122–131

BALHORN, Heiko 1989: Rechtschreibung: Lernen – Wissen – Intuition. In: BALHORN u. BRÜGELMANN (Hrsg.): Jeder spricht anders – Normen und Vielfalt in Sprache und Schrift. Konstanz. S. 58–66

BALHORN, Heiko, BRÜGELMANN, Hans, KRETSCHMANN, Rudolf, SCHEERER-NEUMANN, Gerheid (Hrsg.) 1987: Regenbogen-Lesekiste. 25 Bücher und div. Übungsmaterialien für Leseanfänger. Hamburg

BALHORN, Heiko, BRÜGELMANN, Hans, KRETSCHMANN, Rudolf, SCHEERER-NEUMANN, Gerheid (Hrsg.) 1987: Regenbogenpresse. Lehrerkommentar zur Regenbogen-Lesekiste. Hamburg

BAMBERGER, Richard 1987: Leseförderung. In: BALHORN u. BRÜGELMANN, (Hrsg.): Welten der Schrift in der Erfahrung der Kinder. Konstanz. S. 40–50

BANDURA, Albert 1977: Self-efficacy: Toward a Unifying Theory of Behavioral Change. In: Psychol. Review. S. 191–215

BARTZ, Arno 1982: Erhebung über Absolventen der Hamburger Schulen für Lernbehinderte 1981. In: Z. f. Heilpäd., S. 648–655

BARTZ, A. 1983: Ausfälle im Lesen und Rechtschreiben bei Lernbehinderten. Ergebnisse einer Umfrage in Schulen für Lernbehinderte in Hamburg. In: Z. f. Heilpäd., S. 747–754

BARTZ, A. 1985: Statistische Erfassung und Aussagen über das Untersuchungsverfahren zur Feststellung von Sonderschulbedürftigkeit sowie über Abgänger aus Einrichtungen der Schulen für Lernbehinderte. In: Z. f. Heilpäd. 8, S. 597–610

BARTZ, A. 1987: Abgänger 1986 aus den Einrichtungen der Förderschulen (vormals Schulen für Lernbehinderte) in Hamburg. In: Z. f. Heilpäd. 1, S. 54–62

BERGK, Marion 1987: Rechtschreibenlernen von Anfang an. Frankfurt/M

BERGK, Marion, MEIERS, Kurt (Hrsg.) 1985: Schulanfang ohne Fibeltrott. Überlegungen und Praxisvorschläge zum Lesenlernen mit eigenen Texten. Bad Heilbrunn

BETTELHEIM, Bruno 1982: Kinder brauchen Bücher. Lesen lernen durch Faszination. Stuttgart

BÖHM, Otto 1967: Rechtschreibleistungen an Sonderschulen für Lernbehinderte. In: Z. f. Heilpäd., S. 601–620

BÖHM, Otto, GRETHER, Karola 1977: Lesenlernen in der Lernbehindertenschule. In: BÖHM u. LANGFELDT (Hrsg.): Die Wirklichkeit der Lernbehindertenschule. Bonn – Bad Godesberg. S. 106–122

BRANDSTÄDTER, Jochen, REINERT, Günther, SCHNEEWIND, Klaus A. (Hrsg.) 1979: Pädagogische Psychologie:. Probleme und Perspektiven. Stuttgart

BREUER, Helmut, WEUFFEN, Maria 1986: Gut vorbereitet auf das Lesen- und Schreibenlernen? Möglichkeiten zur Früherkenneung und Frühförderung sprachlicher Grundlagen. 6. Auflage, Berlin

BRÜGELMANN, Hans 1983: Kinder auf dem Weg zur Schrift. Eine Fibel für Lehrer und Laien. Konstanz

BRÜGELMANN, Hans 1984: Die Schrift entdecken. Beobachtungshilfen und methodische Ideen für einen offenen Anfangsunterricht im Schreiben und Lesen. Konstanz

BRÜGELMANN, Hans 1984: Lesen- und Schreibenlernen als Denkentwicklung. In: Zeitschrift für Pädagogik. S. 69−91

BRÜGELMANN, Hans (Hrsg.) 1986: ABC und Schriftsprache: Rätsel für Kinder, Lehrer und Forscher. Konstanz

BRÜGELMANN, Hans 1986: Fehler: „Defekte' im Leistungssystem oder individuelle Annäherungsversuche an einen schwierigen Gegenstand? Anmerkungen zur erneuten Legastheniediskussion. In: BRÜGELMANN, (Hrsg.): ABC und Schriftsprache: Rätsel für Kinder, Lehrer und Forscher. Konstanz. S. 22−31

BRÜGELMANN, Hans 1987: „Röntgen-Aufnahmen" vom Schriftspracherwerb. In: BALHORN u. BRÜGELMANN (Hrsg.): Welten der Schrift in der Erfahrung der Kinder. Konstanz. S. 132−135

BRÜGELMANN, Hans 1987: Wer ist Analphabet? In: BALHORN u. BRÜGELMANN, (Hrsg.): Welten der Schrift in der Erfahrung der Kinder. Konstanz. S. 255−257

BRÜGELMANN, Hans, BALHORN, Heiko (Hrsg.) 1987: Welten der Schrift in der Erfahrung der Kinder. Konstanz

BULLOCK-REPORT, 1975: A Language for life; Report of the Committee of Inquiry. Ed. by the Department of Education and Science. London

BUTLER, Dorothy, CLAY, Marie 1979: Reading Begins at Home. Preparing children for reading before they go to school. Auckland

CHOMSKY, Carol 1976: Zuerst schreiben, später lesen. In: HOFER, (Hrsg.): Lesenlernen: Theorie und Unterricht. Düsseldorf. S. 239−245

CLARK, M.M. 1976: Young fluent readers. London

CLAY, Marie M. 1982: Reading: The Patterning of Complex Behaviour. 2. Auckland

D'ARCY, P. 1973: Reading for meaning 1: learning to read. London

DEHN, Mechthild 1984: Lernschwierigkeiten beim Schriftsprachenerwerb. In: Z. f. Pädagogik. S. 93−114

DEHN, Mechthild 1988: Zeit für die Schrift. Bochum

DIETRICH, Michael 1984: Die Situation der Lehrer in Randgruppenklassen des beruflichen Schulwesens − vergessen, alleine gelassen, „verheizt"? In: Die berufsbildende Schule 3, S. 142−147

DÖRNER, Dietrich, REITHER, Franz, STÄUDEL, Thea 1983: Emotion und problemlösendes Denken. In: MANDL u. HUBER, (Hrsg.): Emotion und Kognition. München. S. 61−84

DRECOLL, Frank 1981: Funktionaler Analphabetismus −. Begriff, Erscheinungsbild, psycho-soziale Folgen und Bildungsinteressen. In: DRECOLL u. MÜLLER, Für ein Recht auf Lesen - Analphabetismus in der Bundesrepublik Deutschland. Frankfurt a. M. S. 29−40

DRECOLL, Frank 1987: Erwachsene Analphabeten. In: BALHORN u. BRÜGELMANN, (Hrsg.): Welten der Schrift in der Erfahrung der Kinder. Konstanz. S. 268−273

DRECOLL, Frank 1987: Offene Karteien − Anregungskarten. In: Alfa-Rundbrief 7, S. 12

DRECOLL, Frank, MÜLLER, Ulrich (Hrsg.) 1981 :Für ein Recht auf Lesen. Analphabetismus in der Bundesrepublik Deutschland. Frankfurt/M

DUMMER, Lisa, BRÜGELMANN, Hans 1987: Vom „3lft" zum „Elefant": Was heißt hier Leseschwäche? In: BALHORN u.BRÜGELMANN, (Hrsg.): Welten der Schrift in der Erfahrung der Kinder. Konstanz. S. 110-121

EBERLE, Gerhard, REIß, Günter 1985: Probleme beim Schritspracherwerb. Möglichkeiten ihrer Vermeidung und Überwindung. Heidelberg

EHLING, Bettina, MÜLLLER, Horst, OSWALD, Marie-Louise 1981: Über Analphabetismus in der BRD. BMBW-Werkstattbericht Nr. 32. Bonn

EICHLER, Wolfgang 1976: Zur linguistischen Fehleranalyse von Spontanschreibungen bei Vor- und Grundschulkindern. In: HOFER (Hrsg.): Lesenlernen: Theorie und Unterricht. Düsseldorf. S. 246—264

ELLIS, Andrew W. 1984: Reading, Writing and Dyslexia: A cognitive Analysis. London

FERDINAND, Willi 1970: Über die Erfolge des ganzheitlichen und des synthetischen Lese-(Schreib-) Unterrichts in der Grundschule. Essen

FREIRE, Paolo 1973: Pädagogik der Unterdrückten. Reinbek b. Hamburg

FRITH, Uta 1985: Beneath the surface of developmental dyslexias. Manuskript.

FÜSSENICH, Iris, GLÄß, Bernd 1984: Alphabetisierung und Morphem-Methode. Kritik eines schriftdidaktischen Verfahrens aus linguistischer und psycholinguistischer Sicht. In: Osnabrücker Beiträge zur Sprachtheorie 26, S. 39—69

GAGNÉ, R.M. 1969: Die Bedingungen menschlichen Lernens. Hannover

GALPERIN, P. J. 1974: Die geistige Handlung als Grundlage für die Bildung von Gedanken und Vorstellungen. In: GALPERIN u. LEONTJEW, (Hrsg.): Probleme der Lerntheorie.. S. 33—49

GANSBERG, Fritz 1913: Das kann ich auch. Eine Anleitung zum Bilderschreiben und Fibeldichten. Leipzig

GIBSON, Elanor 1976: Die Ontogenese des Lesens. In: HOFER, ADOLF (Hrsg.): Lesenlernen: Theorie und Unterricht. Düsseldorf. S. 174—191

GIESE, Heinz 1983: Bemerkungen zum gegenwärtigen Stand der Alphabetisierungsarbeit und zur wissenschaftlichen Untersuchung des Analphabetismus in der Bundesrepublik. In: Osnabrücker Beiträge zur Sprachtheorie. Osnabrück. S. 33—52

GIESE, Heinz 1987: Warum wird der Analphabetismus gerade heute zu einem Problem?. In: BALHORN u.BRÜGELMANN (Hrsg.): Welten der Schrift in der Erfahrung der Kinder. Konstanz. S. 260-266

GOODMAN, Kenneth S. 1976: Die psycholinguistische Natur des Leseprozesses. In: HOFER (Hrsg.): Lesenlernen: Theorie und Unterricht. Düsseldorf. S. 139—151

GRAY, W.S. 1956: The Teaching of Reading and Writing (UNESCO). Paris

GÜNTHER, Klaus B. 1986: Ein Stufenmodell der Entwicklung kindlicher Lese- und Schreibstrategien. In: BRÜGELMANN (Hrsg.): ABC und Schriftsprache: Rätsel für Kinder, Lehrer und Forscher. Konstanz. S. 32—54

GÜNTHER, Klaus-B. 1987: Schriftspracherwerb: Modellhafte und individuelle Entwicklung. In: BALHORN u. BRÜGELMANN, (Hrsg.): Welten der Schrift in der Erfahrung der Kinder. Konstanz. S. 103—109

HANDBUCH FÜR ERWACHSENE 1986:. Herausgegeben vom Arbeitskreis Orientierungs- und Bildungshilfe e. V.. Berlin

HAVIGHURST, R. J. 1972: Developmental tasks and education. 3. New York

HECKHAUSEN, Heinz 1974: Faktoren des Entwicklungsprozesses. In: WEINTERT, F.E., GRAUMANN, C. F., HECKHAUSEN, H., HOFER, M. (Hrsg.): Pädagogische Psychologie 1. Frankfurt. S. 101—132

HEINZ, Renate 1983: Die Entwicklung der schulischen Lese-Rechtschreibschwäche zu funktionalem Analphabetismus. In: Osnabrücker Beiträge zur Sprachtheorie. Osnabrück. S. 103—128

HELLER, D. 1976: Über das Elektrookulogramm beim Lesen. Phil. Diss.. Erlangen-Nürnberg, Universität

HOFER, Adolf 1976: Lesenlernen: Theorie und Unterricht. Düsseldorf

HOLTZ, Karl-Ludwig, KRETSCHMANN, Rudolf 1982: Beurteilung und Beratung bei speziellen Auffälligkeiten: Angst. Studienbrief der Fernuniversität Hagen. Hagen

HOLTZ, Karl-Ludwig, KRETSCHMANN, Rudolf 1989: Psychologische Grundlagen der Verhaltensgestörtenpädagogik. In: NEUKÄTER u. GOETZE (Hrsg.): Handbuch der Sonderpädagogik, Bd 6 — Verhaltensgestörtenpädagogik. Berlin. S. 908—966

HOLZKAMP-OSTERKAMP, Ute 1975: Grundlagen der psychologischen Motivationsforschung 1. Frankfurt a. M.

HUBERTUS, Peter 1987: Tabellen als Schreibhilfe: Bilder — Laute — Buchstaben. In: Alfa-Rundbrief 7, S. 11

KAMPER, Gertrud 1987: Elementare Fähigkeiten in der Alphabetisierung. Berlin

KOSSOW, Hans-Joachim 1976: Zur Therapie der Lese- Rechtschreibschwäche. Aufbau und Erprobung eines theoretisch begründeten Therapieprogramms. Berlin/DDR

KOZOL, Jonathan 1985: Illiterate America. Garden City, New York

KRETSCHMANN, Rudolf 1985: Informeller Lese- und Schreibunterricht in englischen „primary-schools". In: BERGK u. MEIERS (Hrsg.): Schulanfang ohne Fibeltrott. Bad Heilbrunn. S. 129—139

KRETSCHMANN, Rudolf 1987: Sprachanalytische Vorstufen der Lesekompetenz. In: BRÜGELMANN (Hrsg.): Welten der Schrift in der Erfahrung der Kinder. Konstanz. S. 200—206

KRETSCHMANN, Rudolf 1989: Prädiktoren und Komponenten der Schriftsprachkompetenz. In: BALHORN u. BRÜGELMANN, (Hrsg.): Jeder spricht anders — Normen und Vielfalt in Sprache und Schrift. Konstanz. S. 213—219

KRETSCHMANN, Rudolf, LINDNER-ACHENBACH, Susanne 1985: Anfangsunterricht „Deutsch" mit Jugendlichen ohne Arbeit. In: GIESE u. GLÄß (Hrsg.): Die wissenschaftliche Fortbildung von Kursleitern in der Alphabetisierungsarbeit. Universität Oldenburg. S. 43—62

KRETSCHMANN, Rudolf, LINDNER-ACHENBACH, Susanne 1986: Lesen- und Schreibenlernen nach neun Schuljahren. Förderunterricht „Deutsch" mit Jugendlichen ohne Arbeit. In: Z. f. Heilpädagogik. S. 9—23

KRETSCHMANN, Rudolf, LINDNER-ACHENBACH, Susanne, PUFFAHRT, Andrea, u. a. 1987: Alphabetisierung bei Jugendlichen. In: EBERLE u. REIß (Hrsg.): Probleme beim Schriftspracherwerb. Rheinstetten. S. 95—118

KRETSCHMANN, Rudolf, SCHMITT, Rudolf 1988: Wenn Kinder sich selbst beim Lernen behindern. Vorschläge zur Diagnose und Förderung. In: Die Grundschulzeitschrift. S. 28—31

LAUTH, Gerhard 1983: Verhaltensstörungen im Kindesalter. Ein Trainingsprogramm zur kognitiven Verhaltensmodifikation. Stuttgart

LEONT'EV, Alekseij N. 1977: Tätigkeit, Bewußtsein, Persönlichkeit. Stuttgart

LINDNER-ACHENBACH, Susanne 1986: Ferienerinnerungen — Urlaubsträume. Die Erarbeitung realitätsbezogener und phantastischer Texte im Unterricht der Klasse 8 einer Schule für Lernbehinderte. Unveröffentlichte Hausarbeit zur 2. Staatsprüfung f. d. Lehramt an öffentlichen Schulen. Bremen

LOIUS, V. 1971: Einführung in die Individualpsychologie. Stuttgart

LOMPSCHER, Joachim, AUTORENKOLLEKTIV, unter der Leitung von 1985: Persönlichkeitsentwicklung in der Lerntätigkeit. Berlin

MAHONEY, M.J. 1977: Kognitive Verhaltenstherapie. Neue Entwicklungen und Integrationsschritte. München

MASON, J.M., MCCORMICK, C. 1979: Testing the development of reading and lingusitic awareness. Center for the Study of Reading. Technical reports Nr. 224. Urbana-Champaign-Ill.

MCFARLANE, T. 1976: Teaching Adults to Read. London

MEICHENBAUM, Donald 1979: Kognitive Verhaltensmodifikation. München

MERZ, K. 1982: Kinder mit Schulschwierigkeiten. Weinheim

MILLER, Georg A., GALANTER, Eugene, PRIBRAM, Karl H. 1973: Pläne und Strukturen des Verhaltens. (Plans and Structure of Behavior). 1960. Stuttgart

MÜLLER, A. 1973: Grundlagen der Individualpsychologie. Zürich

OSWALD, M.-L., MÜLLER, H.-M. 1982: Deutschsprachige Analphabeten. Lebensgeschichte und Lerninteressen von erwachsenen Analphabeten. Stuttgart

OSWALD, M.L. 1981: Thesen zur Entstehung von Analphabetismus auf der Grundlage einer Analyse von Biographien Betroffener. In: DRECOLL u. MÜLLER, (Hrsg.): Für ein Recht auf Lesen — Analphabetismus in der Bundesrepublik Deutschland. S. 51—56

PLOWDEN-REPORT, 1967: Children and their Primary Schools. ed. by H.M.S.O.. London

RATHENOW, Peter 1987: Leseschwierigkeiten schon in der Zuckertüte?. In: BRÜGELMANN (Hrsg.), Welten der Schrift in der Erfahrung der Kinder. S. 190–199

RATHENOW, Peter, VÖGE, Jochen 1982: Erkennen und Fördern von Schülern mit Lese-/ Rechtschreibschwierigkeiten. Braunschweig

RATHENOW, Peter, VÖGE, Jochen 1982: Erkennen und Fördern von Schülern mit Lese-/ Rechtschreibschwierigkeiten. Braunschweig

ROHR, Barbara 1980: Handelnder Unterricht. Versuche zur Bestimmung eines materialistisch orientierten Unterrichts bei lernbehinderten Schülern. Rheinstetten

RYAN, John W. 1981: Analphabetentum – eine globale Herausforderung. In: DRECOLL u. MÜLLER, (Hrsg.): Für ein Recht auf Lesen – Analphabetismus in der Bundesrepublik Deutschland. S. 13–18

SCHEERER-NEUMANN, Gerheid 1979: Intervention bei Lese-Rechtschreibschwäche. Überblick über Themen, Methoden und Ergebnisse. Bochum

SCHEERER-NEUMANN, Gerheid, KRETSCHMANN, Rudolf, BRÜGELMANN, Hans 1986: Andrea, Ben und Jana: selbstgewählte Wege zum Lesen und Schreiben. In: BRÜGELMANN (Hrsg.): ABC und Schriftsprache – Rätsel für Kinder, Lehrer und Forscher. Konstanz. S. 55–96

SCHMIDT, R. 1982: Die Individualpsychologie Alfred Adlers. Ein Lehrbuch. Stuttgart

SCHNEEWIND, Klaus A. 1979: Erziehungs- und Sozialisationsprozesse in der Perspektive der sozialen Lerntheorie. In: BRANDSTÄNDTER, REINERT u. SCHNEEWIND, (Hrsg.): Pädagogische Psychologie: Probleme und Perspektiven. Stuttgart,. S. 153–180

SCHUBENZ, S. u. a. o. J.: Rangreihe der häufigsten 1651 Morpheme der deutschen Sprache nach H. Meier (Zusammenstellung). Unveröffentlichtes Manuskript. Berlin

SELIGMAN, Martin E. P. 1986: Erlernte Hilflosigkeit. München

SKOWRONEK, Helmut, MARX, Harald o. J. (vermtl. 1988): Die Bielefelder Längsschnittuntersuchung zur Früherkennung von Risiken der Lese-Rechtschreibschwäche: Theoretischer Hintergrund und erste Befunde. Bielefeld

SPITZ, R.A. 1945: Hospitalism. An iquiry into the genesis of psychiatric conditions in early childhood. In: Psychoanalytic Study of the Child 1, S. 153–172

VESTER, Frederic 1984: Neuland des Denkens. Vom technokratischen zum kybernetischen Zeitalter. 2. München

WAGENER, Monika, SCHNEIDER, Horst 1981: Erwachsene lernen lesen und schreiben – didaktisch-methodische Probleme. In: DRECOLL u. MÜLLER, U. (Hrsg.): Für ein Recht auf Lesen - Analphabetismus in der Bundesrepublik Deutschland. S. 124–150

WEIGL, Egon 1976: Schriftsprache als besondere Form des Spracchverhaltens. In: HOFER (Hrsg.): Lesenlernen: Theorie und Unterricht. Düsseldorf. S. 82–89

WEIGL, Egon 1979: Lehren aus der Schriftgeschichte für den Erwerb der Schriftsprache. Osnabrücker Beiträge zur Sprachtheorie 11, S. 10–25

WELLS, C.G., RABAN, B. 1978: Children learning to read. Final report to Social Science Research Council. Bristol

WELLS, Gordon 1987: Vorleser: Eltern, Lehrer, Kinder. In: BALHORN u. BRÜGELMANN (Hrsg.): Welten der Schrift in der Erfahrung der Kinder. Konstanz. S. 28–31

WENDELER, Jürgen 1988: Prognose der Lese- Rechtschreibschwäche im Anfangsunterricht der Grundschule. In: Zeitschrift für Heilpädagogik. S. 770–781

ZIELINSKI, Werner 1980: Lernschwierigkeiten. Verursachungsbedingungen, Diagnose, Behandlungsansätze. Stuttgart

155

Kohlhammer

Heilpädagogische Psychologie

Herausgegeben
von Jörg Fengler
und Gerd Jansen

Kohlhammer

In diesem Handbuch wird ein grundlegender und vertiefender Überblick über den Stand der Praxis und Forschung auf allen Gebieten der Behinderung vom Standpunkt der heilpädagogischen Psychologie aus vorgelegt. Renommierte Fachvertreter konnten für dieses Projekt gewonnen werden. Es enthält Beiträge über die Psychologie der Blinden und Sehbehinderten, die Psychologie der Gehörlosen und Schwerhörigen, die Psychologie der Sprachbehinderten und Lernbehinderten, die Psychologie der Geistigbehinderten und Körperbehinderten und über die Psychologie der Verhaltensauffälligen. In vier weiteren Kapiteln werden Themen behandelt, die für alle Behinderungsarten in gleicher Weise von Bedeutung und Interesse sind: fächerübergreifende Diagnostik, spezielle Förderung, pädagogische Verhaltensmodifikation und Integration.

J. Fengler/G. Jansen (Hrsg.)

Heilpädagogische Psychologie

293 Seiten
Kart. DM 49,80
ISBN 3-17-009419-X

Verlag W. Kohlhammer
Stuttgart · Berlin · Köln